드실바의 책은 미세 먼지가 많은 바울의 복음과 구원 이해의 세계에 공기청정기와 같다. 전통적으로 바울 복음의 핵심은 이신칭의로만 정의되고, 바울이 가르친 구원에 관한 일반적인 이해도 지나치게 개인주의적이고 내세적인 이해가 지배적인 것이 사실이다. 또한 칭의와 성화 간의 역동적 관계가 무시되고, 성화 없는 칭의만으로 복음을 정의하는 편협함이 미세 먼지가 되어 바울이 가르친 복음의 신선함을 제대로 누리지 못하게 만들었다. 드실바의 책은 바울의 복음을 '변화'라는 키워드로 다시 읽는다. 우리가 놓치기 쉬운 바울 복음의 풍성한 측면, 특히나 바울의 은혜 개념, 그리고 이 은혜에 대한 반응인 책임으로서의 변화라는 다양한 측면을 더 명확하게 볼 수 있도록 바울의 신학 세계에 또 다른 창문 하나를 만들어 주고 있다. 이제 우리의 바울 이해가 더 넓어지게 되었다.

― 김경식, 웨스트민스터신학대학원대학교 신약학 교수

성경 공부[해석]을 평생 소명으로 삼고 있는 사람으로서 본인이 최근 영성신학에 깊이 몰두해 있는 이유는 한마디로 본서의 저자가 강조하고 싶어 하는 "변화" 때문이다. 영성은 포괄적이요 우주적이며 매우 실제적이다. 그래서 본인 역시 많은 변화를 경험하고 있다. 예수의 복음이든 바울의 복음이든 "복음"을 속죄와 칭의로만 보는 편협한 견해는 우주적인 차원의 피조물 회복과 인류 회복에 초점을 두고 있는 하나님의 창조와 주님의 구속, 그리고 이어지는 성령의 내주 역사하심을 정당하게 설명할 수 없다. 개인적인 변화와 온 피조물의 변화를 가져오지 못하는 "교리 형태의 편협한 복음"은 이제 반드시 재고되어야 한다. 이 점에서 본서는 귀한 저작이요, 반드시 읽어야 할 책이다. ― 류호영, 백석대학교 신학대학원 신약 교수

저자는 바울이 전한 복음의 메시지를 '변화'(transformation)라는 키워드로 이해한다. 바울 서신 전체에서 '변화'라는 주제와 단어가 빈번하게 사용된 것에 주목하고, 복음의 핵심은 개인과 교회 공동체, 그리고 세계의 '변화'라고 주장한다. 또한 종교개혁과 개신교 신학의 전통 속에서 이해되고 있는 믿음과 칭의를 바울 서신 전체 속에서 '변화'라는 주제에 초점을 맞추어 제시한다. 바울 복음의 핵심적인 의미를 그의 서신 안에서 깊이 있게 이해하려는 독자들에게 이 책의 일독을 권한다.

― 조석민, 에스라성경대학원대학교 신약학 교수

드실바가 이해하는 '그리스도인'은 하나님께서 그를 위해 자신을 다 쏟아부으시듯이 그 또한 그분을 위해 자신을 다 쏟아부으며 사는 사람이다. 이 같은 그리스도인은 한 개인의 차원에서 볼 때는 성령으로 말미암아 가장 깊은 차원의 변화를 경험한 사람이며, 세상과의 관계에서 볼 때는 모든 것을 새롭게 하시는 성령의 비전에 발맞추어 세상과 문화의 변혁을 도모하는 사람이다. 드실바는 우리가 예수 그리스도의 제자가 된다는 것이 어떤 총체적, 실천적 함의를 가지는지를 바울의 어조를 최대한 잘 살려서 제시하려 애쓰고 있다. 이 책은 기독교가 총체적 난맥을 맞이하고 있는 이 시대에 우리가 재무장해야 할 변혁의 비전을 시의적절하게 일깨우는 좋은 책이다.

- 최승락, 고려신학대학원 신약학 교수

이 책에서 드실바는 바울이 선포했던, 삶을 변화시키는 예수님의 복음을 우리에게 열어 보인다. 많은 사람들이 이 복음을 일종의 '안일한 믿음주의'(easy-believism)로 격하하기도 했다. 드실바는 바울 서신서를 깊이 연구해 왔고, 바울 시대 문화에 대한 풍성한 지식을 갖고 있으며, 바울을 해석한 사람들(그리고, 바울을 잘못 해석한 사람들)을 올바로 이해하고 있다. 그 덕분에 독자들은 사도 바울에 대해, 그리고 개인과 공동체와 전체 창조 세계의 변화라는 그의 메시지에 대해 새로운 통찰력을 갖게 되었다.

- 마이클 고먼, 세인트메리대학원대학교 성경신학 석좌교수

그리스도인이 된다는 것에 대한 왜곡된 그림 탓에 그리스도인과 세상의 상호작용은 오랫동안 원활하지 못했다. 드실바는 사도 바울의 서신서 연구를 통해 복음에 대한 우리의 시각을 넓혀 주고자 한다. 오해하지는 말라. 드실바는 수정주의자가 아니다. 그는 바울에 대한 전통적인 견해를 거부하지 않는다. 그러나 우리가 큰 그림에 초점을 맞추도록 인도한다. 즉 그리스도인의 삶은 변화와 관련된다는 것이다. 내 생각에, 이보다 더 시의적절하고 중요한 메시지는 없다. 세상에서 소금과 빛이 되라는 부르심을 진지하게 받아들이는 그리스도인이라면 반드시 읽어야 할 책이다.

- 짐 베일비, 베델대학교 신학 교수

에듀케이셔널 오퍼튜니티즈 투어즈
(Educational Opportunities Tours)
창건자 제임스 E. 리지웨이 박사(1932-2014)를
추모하며

Copyright © 2014 David A. deSilva
Originally published in English under the title
Transformation: The Heart of Paul's Gospel
Snapshots, edited by Michael F. Bird
by Lexham Press, 1313 Commercial St., Bellingham, WA 98225, U.S.A.
All rights reserved.

Translated and used by permission of Lexham Press.

This Korean Edition Copyright © 2019 by Jireh Publishing Company,
Goyang-si, Gyeonggi-do, Republic of Korea.

이 한국어판 저작권은 Lexham Press와 독점 계약한 이레서원에 있습니다. 신저작권법에 의하여 한국 내에서 보호받는 저작물이므로 무단 전재와 무단 복제를 금합니다.

바울복음의
심장

개인, 교회, 창조세계를
변화시키는 복음

바울 복음의 심장: 개인, 교회, 창조세계를 변화시키는 복음
Transformation: The Heart of Paul's Gospel

데이비드 드실바 지음
오광만 옮김

초판 1쇄 인쇄 2019년 9월 23일
초판 1쇄 발행 2019년 10월 2일

발행처 도서출판 이레서원
발행인 문영이
출판신고 2005년 9월 13일 제2015-000099호

편집장 이혜성
편집 송혜숙, 오수현
영업 김정태
총무 곽현자

경기도 고양시 일산동구 중앙로 1160 오원플라자 801호
Tel. 02)402-3238, 406-3273 / Fax. 02)401-3387
E-mail: Jireh@changjisa.com
Website: Jireh.kr / Facebook: facebook.com/jirehpub

책값은 표지에 있습니다.

ISBN 978-89-7435-520-3 94230
ISBN 978-89-7435-515-9 (세트)

신저작권법에 의해 한국 내에서 보호받는 저작물이므로 저작권자의 서면 허락 없이 이 책의 어떠한 부분이라도 전자적인 혹은 기계적인 형태나 방법을 포함해서 그 어떤 형태로든 무단 전재하거나 무단 복제하는 것을 금합니다.

이 도서의 국립중앙도서관 출판예정도서목록(CIP)은 서지정보유통지원시스템 홈페이지(http://seoji.nl.go.kr)와 국가자료공동목록시스템(http://www.nl.go.kr/kolisnet)에서 이용하실 수 있습니다. (CIP 제어번호: CIP2019031077)

＊ 일러두기: 다른 언급이 없는 한, 원서의 성경 구절은 저자가 직접 번역한 것이며, 그 외에는 CEB, ESV, NIV, NRSV에서 인용했습니다. 이 책의 경우에는, 다른 표기가 없다면, 개역개정을 기본으로 하되 원서에 맞춰 다소 수정해서 번역한 것입니다.

02 교회를 위한 신학

바울 복음의 심장

개인, 교회, 창조세계를 변화시키는 복음

데이비드 드실바 지음
오광만 옮김

Transformation
The Heart of Paul's Gospel

이레서원

목차

- 약어 표 | 11
- 서론 : 바울의 복음 전체에 귀 기울이기 | 13

제1장 바울의 '변화의 복음'을 폭넓게 이해하기 위한 근거 ······ 24

    1. 바울의 복음 선포에 나타난 '변화' · 30
    2. 변화의 필요성: "하나님은 외모로 사람을 취하지 않으신다"(롬 2:11) · 38
    3. 변화의 필요성: 바울은 막연한 믿음을 넘어 구원에 조건을 부여한다 · 47
    4. 바울에게 '칭의'는 무엇을 뜻하는가? · 55
    5. 한번 구원은 영원한 구원-그러나 언제 '구원받는가'? · 74
       : '과정에 있는 행위'로서의 구원
    6. 큰 선물은 큰 책임이다 · 81

제2장 복음은 개인의 변화를 의미한다 ······················· 92
    : 우리는 그리스도 안에서 얼마든지 새사람이 될 수 있다

    1. 우리는 하나님과 새롭게 시작하도록 자유로워졌다 · 93
    2. 우리는 하나님이 보시기에 거룩하고 의롭게 되기 위해
       옛 모습에서 자유로워졌다 · 99
    3. 우리는 선한 일을 하며 살아가도록 자유로워졌다 · 104
    4. 변화란, 벗어 버리고 다른 것을 입는 것이다 · 110
    5. 하나님은 성령님의 은사를 통해 이 변화를 가능하게 하신다 · 117
    6. 우리는 사망의 두려움에서 자유로워졌다 · 127

Transformation
The Heart of Paul's Gospel

제3장 복음은 공동체의 변화를 의미한다 ······················ 133
: 우리는 얼마든지 새로운 방식으로 다른 사람과 관계를 맺을 수 있다

  1. 낯선 사람이 가족이 되고, 많은 몸이 한 몸이 되는 변화 · 134
  2. 변화되고 변화시키는 공동체로 살기 위한 바울의 지침 · 142
     회복을 위한 개입 · 143
     화해를 우선순위에 두기 · 146
     가족처럼 공유하기 · 148
     서로에게 투자하고 서로를 격려하기 · 150
     자기중심적 권리 주장에서 타인 중심적 절제로 이동하기 · 152
     민족 간의 장벽, 계급, 신분제, 성 차별 깨뜨리기 · 156
     당파심 몰아내기 · 162
     그리스도의 가족 안에 있는 그리스도인 가족들 · 169

  3. 결론 · 175

제4장 복음은 우주의 변화를 의미한다 ·························· 177
: 우리는 얼마든지 세상의 통치에서 벗어나 하나님의 통치를 증언할 수 있다

1. 문제로서의 "세상" · 179
2. 우주와 우리의 관계 변화 · 192
3. 창조세계 자체의 변화 · 207

- **저자 색인 | 213**
- **주제 색인 | 215**
- **성경 색인 | 219**

약어 표

성경 역본

CEB	Common English Bible
ESV	English Standard Version
HCSB	Holman Christian Standard Bible
NIV	New International Version
NRSV	New Revised Standard Version

외경과 칠십인역

Sir	Sirach/Ecclesiasticus(시락/집회서)
Tob	Tobit(토비트서)
Wis	Wisdom of Solomon(솔로몬의 지혜서)

구약 위경

1 En.	1 Enoch(에녹1서)
T. Job.	Testament of Job(욥의 언약)

그리스어와 라틴어 저술

Ad M. Caes.	Fronto, Ad Marcum Caesarem
Ap.(Josephus)	Josephus, Against Apion
Ant.(Josephus)	Josephus, Jewish Antiquities
Ben.	Seneca, De beneficiis
Rhod.	Dio Chrysostom, Rhodaica (Or. 31)
Pol.	Aristotle, Politica
Contempl.	Philo, De vita contemplativa
Decal.	Philo, De Decalogo

주석 시리즈와 정기 간행물

BECNT	Baker Evangelical Commentary on the New Testament
JBL	Journal of Biblical Literature
JSNT	Journal for the Study of the New Testament
NIGTC	New International Greek Testament Commentary
NTS	New Testament Studies
WBC	Word Biblical Commentary

서론

바울의 복음 전체에 귀 기울이기

  바울은 지중해 동쪽 전역을 여행하면서, 자신이 깨달은 아주 강력한 메시지에 사로잡혀, 본질적으로 정처 없는 방랑자가 되었다. 그는 이 메시지를 선포할 문이 열린 곳이라면 어디든 갔다. 그는 어떠한 역경과 결핍이라도 기꺼이 견뎌 내었으며, 사람들을 위해 하나님이 결정적으로 개입하신 일이라고 확신한 것을 믿고 나아갔다.

  바울이 시리아, 터키, 그리스, 결국에는 로마까지, 그리고 가능한 한 더 멀리 서쪽 지역에까지 선포하고자 했던 이 "좋은 소식", 곧 복음은 무엇이었을까? "만일 오늘 죽는다면, 당신은 천국에 가리라고 확신할 수 있습니까?" "만일 예수님을 믿는다면, 모든 죄를 용서받고 최후의 심판 때 '무죄' 선고를 받을 것이라는 보장이 있습니까?" "예수님이 당신을 대신해서 죽으셨기에, 지금 당신은 하나님이나 심판이나 죽음을 두려워할 필요가 없습니다." "당신이 해야 할 일은 예수님을 당신의 구주라고 고백하고 그 이름을 믿는 것뿐입니다. 그러면 당신은 구원받았다고 확신해도 됩니다."

이 진술들 하나하나에는 진리가 있으며, 바울 서신에 있는 단락들은 이 진리들을 뒷받침한다. 하지만 내가 오랫동안 걱정해 온 문제가 있는데, 그것은 그리스도인들이 종종 이 진술들을 바울 서신의 여러 본문들과 연결하지 못한다는 것이다. 하나님의 순전한 선하심과 너그러우심으로 인해, 하나님이 그분의 통치를 거스르는 인류의 반역에 우리가 참여함으로 생겨난 여러 결과들에서 우리를 어떻게 구원하시고, 우리와의 화해를 어떻게 이루시고, 어떻게 우리를 회복시키셨는지에 대해 바울은 자신이 폭넓게 이해한 내용을 그의 서신에서 설명했다. 바울의 "복음"을 이해하기 위해 우리는 그의 메시지 **전체**(whole)에 귀를 기울여야 한다. 특히 사도가 한 말보다 우리의 신학을 더 특별히 취급하지 않도록, 바울 신학에 대한 많은 (특히) 개신교 개념에 실제로는 들어맞지 않는 바울의 말에도 우리는 합당한 주의를 기울여야 한다.

이 책에서 나는 바울의 "좋은 소식", 즉 복음을 (앞의 진술들과는 다르게) 다음과 같은 말로 요약하는 것이 더 좋겠다고 제안하려 한다. "하나님은 당신이 하나님과 화목해질 수 있는 방법, 그리고 하나님이 기뻐하시는 일을 당신도 원하고 좋아하고 행할 수 있는 방법을 주신다. 그분 아들의 영이 당신 안에 사실 것이며 당신을 **변화시키실** 것이기 때문이다. 하나님의 인자하심과 행하심으로 말미암아 당신은 지금 새로운 삶을 살게 될 것이며, 죽음 이후에는 그분과 함께 영원히 살게 될 것이다."

내가 바울의 메시지를 이해하고 보니, 그 메시지는 다 **변화**(change)에 관한 것이다. 복음은 바로 하나님이 모든 피조물을 변화시키고 이들을 다시 한 번 새롭고 선하고 의롭게 만들 수 있는 힘과 요인들을 개시하셨다는 것이다. 이 피조물에는 **우리 자신도** 포함된다. 이 변화는 처음부터 끝까지 하나님의 호의 또는 하나님의 "은혜"의 사역이다. 이는 하나님이 주도적으로 시작하신 사역이고, 하나님께서 주신 선물, 곧 성령의 사역과 능력을 통해서 발생하며, 하나님의 헌신과 신실하심으로 인해 완성에 이르기 때문이다. 하지만 (고린도후서 6:1의 어구대로) 만일 우리가 "하나님의 은혜를 헛되이 받지" 않는다면, 또는 (갈라디아서 2:21의 어구대로) 우리가 "하나님의 은혜를 폐하지" 않는다면, 하나님이 그분의 은사들을 주신 목적이며 우리 삶과 교회 안에서의 열매인 **변화**를 강조하는 것은 변하지 않는다.

바울에게 "[하나님의] 은혜와 의의 선물을 넘치게" 받는다(롬 5:17)는 말이 뜻하는 바는 무엇일까? 나는 다음과 같은 가능성이 있음을 논증하고자 한다. 곧 "의의 선물"은 하나님이 우리에게 주셨고 예수님이 죽으심으로 우리를 위해 준비하신 성령의 역사로 말미암아 안에서부터 밖으로, 그리고 밖에서부터 안으로 변화시키는 수단과 능력이라는 하나님의 선물이다(갈 3:14). 곧 하나님이 판단하시기에 올바르고 즐겁고 인정받을 만한 것을 생각하고 말하고 행하는 사람들로 변화시키는 선물이다. **이것은** 예수님을 믿는 사람들에게 "영생"을 주시는 "하나님의 선물"이다(롬 6:23). 참으로 이것이 바울이 선포했던 복음의 중요한 측면이라면, 기본적으로 바울의 복음을 거저 주시는 죄 사함과 법정적 칭의에 관련된 것으로만 초점을 맞추는 사람들은 신자들 안에서, 그리고 신자들의 공동체 안에서 하나님이 바라시고 행하실 수 있는 것에 대한 그들의 기대를 너무나도 낮게 설정하는 것일지도 모른다.

내가 바울을 다 이해했다고는 감히 생각하지 않는다. 바울 신학은 상당히 복잡하며, 지난 2천 년간 바울에 관해 주석하고 그의 신학을 자신의 말로 재구성한 수많은 사람들로 인해 몹시 더 복잡해졌다. 하지만 이렇게 만들어진 바울 복음에 관한 이해들 중에 만족스럽지 않은 것들이 더러 있다. 이러한 재구성 내용들이 앞으로 내가 논의할 많은 성경 본문들을 합당하게 다루지 않은 것을 볼 때는 특히 더 그렇다. 내가 해석한 내용도 사람들은 적절하지 않다고 생각할지 모른다. 하지만 이 여러 성경 본문들이 복음이 약속한 것과 복음이 신자에게 요구하는 것을 어떻게 가르치는지에 관해 독자들이 새롭게 생각하는 데 이 책이 기여한다면, 나는 그것으로 만족한다.

전 세계 교회에서 차지하는 바울 복음의 압도적인 영향력에 근거하여 주목할 만한, 바울 복음의 본질에 관한 모델이 하나 있다. 그 모델은 종종 "로마서 도로"(Romans Road)로 언급되곤 하는데, 이는 구원으로 나아가도록 작정된 길을, 논리적인 진행으로, 대략 보여 준다. 내가 이 "로마서 도로"를 인쇄물 형태로 보았을 때, 이 모델은 젊은 그리스도인인 나의 신학을 형성하는 데 영향을 주었다. 지금은 인터넷을 이용해서 이 사진이 더 널리 전달되고 있다. 구글에서 "Romans Road"를 검색하면 검색 결과가 **2700만 건**이나 된다. 이것은 바울 복음의 본질을 이런 식으로 이야기하는 인터넷 사이트가 엄청 많다는 증거다. 조금 다른 부분도 있겠지만, 그 기본적인 개요는 다음과 같다.

1. 모든 사람은 죄를 지었으며 하나님의 영광에 이르지 못한다 (롬 3:23).

2. 죄에 대한 형벌은 영원한 죽음이다. 그러나 하나님이 거저 주시는 은혜는 예수님으로 말미암는 영생이다(롬 6:23).
3. 우리가 여전히 죄인이고 원수였을 때, 하나님은 그의 아들을 보내어 우리 대신 죽게 하심으로 우리에 대한 그분의 사랑을 보여 주셨다(롬 5:9).
4. 예수 그리스도가 주님이시라고 마음으로 믿고 입으로 고백하는 사람은 구원을 받을 것이다(롬 10:9).
5. 이런 사람들은 그들의 죄로 정죄받지 않으며(롬 8:1), 하나님과 화평을 누릴 것이다(롬 5:1).

로마서 도로를 포장하는 데 놓은 이 돌들 하나하나는 아주 견고하다. 나는 바울이 맨 처음에 로마서 도로(Romans Road)가 아니라 (그의 다른 편지들과) 로마서(Romans)를 썼을 때, 그가 직접 놓은 다른 많은 좋은 돌들이 없었다는 주장에 이의를 제기하려 한다. 본서는 복음에 대한 바울의 이해에서 이 돌들을 발굴하고 제자리로 회복시키는 과제에 집중할 것이다.

바울 복음에 대한 대중적인 평가에 작용하는 또 다른 역동성이 있다는 것은 언급할 만하다. 이 역동성은 바울 자신의 언어와 모순되기 때문이다. 그것은 로마서 도로에 있는 단계가 바울 자신의 선포와 저촉되기 때문이라기보다는, 일부 그리스도인들이 이 계단들 중에서 어느 한두 단계에만 근거해서

과도하고 부주의하게 주장하기 때문이다. 어느 웹사이트에 글을 기고한 저자는 이렇게 주장한다. "예수님이 우리를 대신하여 죽으셨으므로, 우리는 우리 죄에 대해 결코 정죄받지 않을 것이다."[1] 이 저자는 여기서 한 걸음 더 나아가 다음과 같은 결론을 도출해 낸다. "예수님이 우리를 대신하여 죽으셨으므로, 우리가 해야 할 일은 다만 그분을 믿고, 그분이 죽으심으로 우리의 죗값을 지불하셨음을 신뢰하는 것뿐이다. 그러면 우리는 구원을 받을 것이다!"[2] 어떤 저자는 "우리는 악한 삶의 방식을 버려야 하며, 하나님을 위해 사는 삶에 헌신해야 한다."라는 주장을 거부하기도 한다. 다음과 같은 이유에서다. "하나님이 우리에게 거저 주시는 영생의 선물을 받아들이는 데 있어서, 그분이 우리에게 요구하시는 모든 것은 우리가 하나님의 독생자 예수 그리스도를 통해서만 얻는 것이기" 때문이다.[3]

이러한 진술들은 예수 그리스도 안에 있는 하나님의 은혜에 대한 인간의 반응과 관련해서 바울이 직접 말한 내용은 듣지도 않고 그 말에 주의를 기울이지 않은 경우에만 할 수 있

---

1 "What Is the Romans Road to Salvation?" GotQuestions.org, 2014년 2월 24일 접속, www.gotquestions.org/Romans-road-salvation.html.
2 Ibid.
3 David J. Stewart, "The Romans Road," 2014년 2월 24일 접속. www.jesus-is-savior.com/Basics/romans_road.htm.

을 뿐이다. 예수님이 우리를 대신하여 죽으셨다는 것은 "우리가 해야 할 일은 다만 예수님을 믿는 것뿐이다."라는 의미가 아니다. 그보다는, 예수님이 "모든 사람을 대신하여 죽으심은 살아 있는 자들로 하여금 다시는 그들 자신을 위하여 살지 않고 오직 그들을 대신하여 죽었다가 다시 살아나신 이를 위하여 살게 하려 함"이다(고후 5:15).

믿음으로 예수님께 헌신하는 것 역시 죄를 버리고 하나님을 위해 사는 것을 의미한다. "너희 지체를 불의의 무기로 죄에게 내주지 말고 오직 너희 자신을 죽은 자 가운데서 다시 살아난 자같이 하나님께 드리며 너희 지체를 의의 무기로 하나님께 드리라"(롬 6:13). 바울은 그리스도 예수 안에 있는 사람들이 정죄에 이르지 않는다는 약속의 근거를, 단지 예수님이 우리 죄를 위하여 죽으셨다는 것뿐 아니라 그리스도 안에 있는 사람들이 하나님의 의로운 명령을 성취하며 살도록 인도하시는 성령님의 활동 안에도 둔다. 곧 하나님이 "육신을 따르지 않고 그 영을 따라 행하는 우리에게 율법의 요구가 이루어지게 하려 하"셨기 **때문에**, "이제 그리스도 예수 안에 있는 자에게는 결코 정죄함이 없"다(롬 8:1, 4).

오늘날 바울 신학의 심각한 문제는, 예수님을 믿는 사람들 안에서 또는 그들을 통해서 하나님께서 하고자 하시는 일의 견지에서 볼 때, 바울이 직접 쓴 증언이 의미하는 것보다, 바울의 복음을 더 제한적이고 덜 침투성이 있는 것으로, 덜 **공격적인** 것으로 축소하려는 경향이다. 우선적으로 이 문제는 신학자들이나 학자들 사이에서 바울 신학이 발전했기 때문만이 아니라 그 신학이 기독교회 전반적으로 깊이 뿌리를 내려왔고 확신 있게 홍보되었기 때문이기도 하다. 그 결과 예수님을 **믿는다**는 말의 의미조차 잘 이해되지 않고 있다. 믿음은, 어찌되었든지 그것이 믿음이 **되기** 위해서는, 반드시 한 사람의 삶을 변화시켜야 하는, 그리스도의 인격에 전심을 다 드리는 헌신을 수반하기 때문이다.

제자도로의 부르심(살아 있고 구원하는 믿음을 가지라는 부르심)을 바울은 예수님의 부르심과 다르게 이해하지 않았다. 예수님의 부르심은 "나의 죽음과 부활의 효과를 믿어라. 그러면 너가 어떤 사람이든지 간에 구원을 받을 것이다."라는 것이 아니라, "누구든지 나를 따라오려거든 자기를 부인하고 자기 십자가를 지고 나를 따를 것이니라 누구든지 자기 목숨을 구원하고자 하면 잃을 것이요 누구든지 나와 복음을 위하여 자기 목숨을 잃으면 구원하리라"라는 것이다(막 8:34-35).

이 작은 책의 목표는 "구원" 그 자체인, 하나님의 구원하시는 행위의 목표, 즉 개인의 변화와 신앙 공동체의 변화와 우주 자체의 변화에 대해 바울이 강조한 내용을 더 완전하고 더 명쾌하게 보존하는 방식으로 그의 복음을 생각하도록 제안하는 데 있다. 바울의 복음은 곧 하나님께서 그분 아들의 죽으심과 부활, 성령의 내주, 장차 우주(세상[cosmos])의 문제에 개입하심을 통해 이루시려고 하는 것에 대한 바울의 비전이다. 이 설명 방식은 바울 신학과의 교류를 유지하고 있는 것으로서, (이는 이 책 첫 장에 분명하게 제시되었고 이어지는 단락 전체에도 암시되어 있다.) 이 책에서 다루는 내용은 오랜 시간 바울 서신을 묵상한 내용과 그 서신을 연구한 학문과의 상호 작용에 기초한 것들이다.[4] 하지만 본서에서 나는 바울 신학에 대한 학문적인 연구와 교류하고 있음을 제시할 뿐만 아니라, 바울 메시지와 신학의 다양한 요소들을 아우르는 핵심 비유를 제시하기 위해 학문적인 교류 내부에 건설적으로 참여할 것이다.

첫 번째 장에서는 바울이 기록한 서신 전체가 이 주제와 이 용어로 충만하다는 것에 근거하여 바울 복음에 적합한 포괄적인 틀로서 "변화"(transformation)를 제안할 것이다. 그러고 나서 바울 선포의 다섯 가지 측면을 탐구하려 한다. 이 측면들은 비록 바울 메시지의 어떤 구성에서는 희미해지거나 심지어 사라지는 경향도 있지만, 변화에 초점을 맞춘 바울 복음의

---

[4] 이 분야에 대한 나의 이전 저술을 보라. *An Introduction to the New Testament: Contexts, Methods & Ministry Formation* (Downers Grove, IL: InterVarsity Press, 2004), 475-775. 『신약개론』, 기독교문서선교회. *Global Readings: A Sri Lankan Commentary on Paul's Letter to the Galatians* (Eugene, OR: Wipf & Stock, 2011).

구성 안으로 더 충분히, 드러내 놓고 통합될 수 있을 것이다. 이어지는 장에서는 이방인의 사도로서 바울이 간파했고 지중해 전역에 선포한 "좋은 소식"(복음)의 정수로서 개인과 믿음 공동체와 우주의 변화를 바라보는 바울의 비전을 제시할 것이다. 이 연구의 원칙은 이것이다. 바울이 실제로 기록한 것에 근거하여 진행하고 있는 이 연구를 깔고 앉을 정도로 성스러운 신학이란 존재하지 않는다는 것이다. 종교개혁과 개신교 신학 자체의 중심에 있는 '늘 개혁하는'(*semper reformanda*) 전통이 지속되기를 소망한다.

제1장

바울의 '변화의 복음'을 폭넓게 이해하기 위한 근거

바울 신학을 깊이 생각함으로써 얻은 중요한 발전이 있다면, 그것은 바울의 사상을 이해하는 데 사용하는 뚜렷이 구별되는 두 범주인 "칭의"와 "성화"라는 공식 어구다. 많은 조직신학에서, "칭의"는 예수님에 대한 믿음에 근거하여 지금도 예상할 수 있는 판결, 곧 구체적으로 심판 때 "죄가 없다"(즉, "의롭다"고 여김을 받는다)는 판결을 받는다는 의미에서 하나님과의 관계가 올바르게 된 과정을 가리킨다. 반면에, "성화"는 우리가 거룩하게 되는(또는 우리가 회심할 때 우리에게 전가된 거룩함을 살아내기 시작하는) 과정을 가리킨다.

칭의와 성화는 체험적으로 발견한 유익한 범주일 수 있으며, 바울이 복음을 설명하면서 직접 사용한 용어를 반영한 것이라는 이점도 있다. 그러나 이 범주들은 바울이 개념화한 복음을 우리 스스로 마주하게 하기보다는 바울의 글에 대한 우리의 이해를 제한함으로써 그 범주 자체의 생동감을 빼앗을 수 있다. 종교개혁 전통에서는 늘 성경이 신학적인 전통보다 비중 있게 다뤄져야 한다. 만일 신학적인 전통이 성경 해석을 제어하는 힘을 갖게 된다면, 우리는 대표적인 개혁가들이 서방 교회를 해방시키려 했던 역학(dynamic) 속으로 되돌아간 것이다.

분명히 구별되는 두 범주로서 "칭의"와 "성화"라는 공식 어구를 만들어 낸 결과 중에서 별로 도움이 되지 않는 것은 "구원"에 관해 생각할 때는 칭의를 더 중요한 것으로, "그리스도인의 삶"에 관해 생각할 때는 성화를 더 중요한 것으로 간주하는 경향이다. 종교개혁에서 생겨난 신학 전통에서는 이처럼 두 개념이 늘 뚜렷이 구별되었던 것은 아니다. 예를 들어, 영국 국교회 주교인 라일(J. C. Ryle)은 다음과 같이 담대하게 주장했다.

[칭의와 성화] 모두 비슷하게 구원에 필수적이다. 죄 사함뿐만 아니라 새롭게 된 마음 없이, 그리스도의 보혈뿐만 아니라 성령의 은혜 없이, 명칭뿐만 아니라 영원한 영광에 적합한 자격 없

이 천국에 이른 사람은 아무도 없다. 칭의와 성화는 그중 하나가 그러하듯이 나머지 하나도 필수적이다.[1]

하나님이 보시기에 "중요하다고 생각한 것"에 대해 바울이 직접 말할 때, 그는 "새 피조물이 되는 것"을 이야기한다. 클라인 스노드그래스(Klyne Snodgrass)는 이에 대해 "바울이 말하려고 했던 것은 사랑으로 역사하는 믿음의 삶(갈 5:6)이며, 이는 '행위로 말미암는 의'에 대한 논쟁의 맥락 밖에 있다. 이것은 하나님의 계명을 지키는 삶이라고까지 묘사될 수 있다(고전 7:19)."[2] 라일과 스노드그래스가 보기에, 일반적으로 "성화"라는 범주 안에 들어가는 내용 중에는 하나님께서 이루고자 하시는 구원의 중심에 해당하는 것이 매우 많다.

어떤 전통에는 성화의 본질적인 특성과 일관되지 못하는 부분들이 있다. 그 전통들이 여전히 성화를 신자가 소유하고 있는 믿음의 특질에 대한 실증으로, 즉 그가 가지고 있는 "믿

---

1 J. C. Ryle, *Holiness: Its Nature, Difficulties, Hindrances, and Roots* (London: William Hunt, 1883), 30.
2 Klyne R. Snodgrass, "Justification by Grace-to the Doers: An Analysis of the Place of Romans 2 in the Theology of Paul," *NTS* 32 (1986): 72-93, 86. 시몬 개더콜(Simon Gathercole)의 관찰 역시 적절하다("A Law unto Themselves: The Gentiles in Romans 2.14-15 Revisited," *JSNT* 24 (2002): 27-49], 48): "순종하는 자에게 영생의 상을 주겠다고 언급하는 로마서 2:7, 10, 26-27, 29의 일련의 진술 속에서도, 로마서 2:13-16은 틀림없이 바울 신학에 관한 대부분의 분석에서 드러나는 것보다도, 순종의 삶에 근거한 더 강력한 최후 심판의 신학을 언급하고 있음이 틀림없다."

음"이 **진짜** "믿음"인지를 뜻하는 표지로 주장하고 있기는 하지만 말이다. 일례로, 영국 국교회(성공회)의 역사적인 신앙고백을 형성하고 있는 '39개항 신조'(16세기 종교개혁 시기에 영국 국교회가 로마 가톨릭이나 칼뱅파나 재세례파 등에게 그들의 교의적 입장을 천명하기 위해 작성한 39조 교의 요강-역주)에는 "칭의"와 "선행"이 별도의 항목으로 다뤄져 있다. 선행은 한 사람의 믿음의 특질이 "참되고 살아 있는" 것임을 증명하는 것으로만 칭의에 기여한다고 말이다. 스무 번째 항목("선행에 대하여")은 이와 같은 실증의 중요성을 강조하지만 그것이 반드시 필요한 것은 아니라고 한다. 그 실질적인 결과는 "칭의"가 그 사람의 변화라는 개념과 상관없이 개념화되기 쉽다는 것이다.[3] 이것이 항상 **필연적인** 결과인 것은 아니지만 너무도 자주 실제적인 결과이다. (이 책 서론에서 보았듯이) 많은 "로마서

---

[3] 이와 동일한 신조들이 감리교회 25개 신조에 남아 있다. 존 웨슬리는 바울의 변화 신학의 역동성을 거의 되찾을 뻔했던 그의 '그리스도인의 완전'(doctrine of perfection) 교리를 이 신조에 집어넣지 **않았다**. 개혁신학자며 성경학자인 마이클 버드는 이와 유사한 입장을 분명히 표현했다. 그리스도 안에 있는 참된 믿음의 본질적인 표지로서 하나님을 기쁘시게 하는 일을 행하는 삶의 중요성에 대해서는 더 강력하긴 했지만 말이다. "성령의 능력을 받아 그리스도 안에서 행한 일들은 신자가 고백하는 믿음의 온전함(integrity)을 입증하는 것이다. 우리가 행하는 어떤 선한 일이라도 우리 안에 계시는 그리스도의 사역으로부터 기인한다. … 그리스도로 말미암아 잉태되고, 성령님으로 말미암아 힘을 얻으며, 하나님으로 말미암아 부여받은 행위들은 구원에 필수적이다. 그 행위는 순종, 사랑, 신실함, 의로움, 거룩함의 형태로 표현되는 참된 믿음의 특성을 계시한다."(Michael Bird, *The Saving Righteousness of God: Studies on Paul, Justification and the New Perspective* [Milton Keynes, UK: Paternoster, 2007], 178).

도로" 웹사이트가 있다는 것은 그 웹사이트가 칭의(그것도 아주 제한된 의미에서의 칭의!)에 초점을 맞추고 있음을 증언한다. 기껏해야 성화는 후속 조치에 불과할 뿐이며, 최악의 경우에는 아예 무시된다.

나는 바울이 이 두 범주를 "구원의 순서"에서 구별되는 단계가 되게 함으로써, 특히 "칭의"라는 제목 아래 들어가는 내용이 이 과정에서 하나의 **필수적인** 단계로 특별 대접을 받는 것에 바울 자신도 괴로웠을 것이라는 생각을 하게 되었다. 나는 마르틴 루터처럼 바울 사도도 이 두 가지를 좀 더 통합해서 말하는 경향을 선호했을 것 같다는 의심이 든다. 마크 세이프리드(Mark Seifrid)에 따르면, "[루터는] 칭의를 새 창조에 영향을 주는 것으로 여겼던 까닭에, 그는 그리스도인의 삶 전체를 칭의의 범위 안에 망라할 수 있었다. … 구원을 구원의 순서(ordo salutis)로 세분한 후기 개신교 사상과는 반대로, 루터에게 칭의는 단 하나의 신적인 행위로 남아 있다."[4] 칭의와

---

4 Mark Seifrid, "Paul's Use of Righteousness Language against Its Hellenistic Background," in *Justification and Variegated Nomism*, ed. D. A. Carson, P. T. O'Brien, and Mark Seifrid, vol. 2, *The Paradoxes of Paul* (Mohr Siebeck: Tübingen, and Grand Rapids: Baker Academic, 2001), 71. 아돌프 슐라터(Adolf Schlatter)도 하나님의 행동을 마치 구원의 서정/순서(ordo salutis)라는 하나님의 "하셔야 할 일 목록"으로 분류할 수 있는 것처럼, "하나님의 은혜"를 이렇게 많은 구체적인 범주로 "구분하는 것"에 불만을 표했다(*Das Christliche Dogma* [Stuttgart: Calwer, 1923], 601n279).

성화가 뚜렷이 구별되는 범주로 존재하는 한, 인간의 삶에 개입하시는 하나님의 단 하나의 위대한 과정을 이해하는 바울의 비전에서 그가 통합해 놓은 것이 갈기갈기 찢겨 버릴 위기에 봉착한다.

바울의 여러 글에서 다양하고 때로 광범위한 본문들을 관찰하고 나서, 나는 다음과 같은 결론에 이르게 되었다. 첫째, 바울은 단지 우리의 무죄 선고(처음 무죄 선고이든지, 최종적인 무죄 선고이든지, 아니면 둘 다이든지 간에)뿐만 아니라 우리의 변화까지 그의 설교와 하나님의 개입하심의 목표로 언급한다. 둘째, 하나님은 심판하실 때 외모로 판단하지 않으실 것이므로 이와 같은 변화는 매우 중요하다. 셋째, 어떤 믿음에 대해 결정을 내리고 어떤 신앙고백을 만드는 것 이상으로, 바울은 우리를 위한 하나님의 목표에 도달하는 일에 분명히 조건을 붙이고 있다. 하나님의 목표는 "믿음으로 말미암아 의롭게 됨"과 같은 공식 어구에서 바울에게 "믿음"이란 어떤 의미가 있는지와 관계가 있다. 넷째, 바울은 하나님의 의에 이르게 된 결과로서 "칭의"를 언급하는데, 우리가 죄와 단절된 이후 하나님과 화목하게 되었다는 이미 성취된 사건으로서**뿐만 아니라,** 살아온 삶에 근거하여 최후 심판 때 무죄 선고를 받게 될 미래적 경험으로서도 이야기한다. 바울 복음에 대한 어떤 평가든지 반드시 처음(initial) 칭의와 최종적인(final) 칭의 간의 관계를 고려해야 한다. 다섯째, 바울은 "구원"을 이미 이루어진 것으로만 아니라, 우리가 미래에 향유하거나 경험하게 될 것으로도 언급한다. 다시 말하지만, 바울 복음에 대한 어떤 평가든지 이러한 전체적인 범위의 용례를 고려해야 한다. 여섯째이자 마지막으로, 하나님은 우리가 그분의 선물을 "받기"만을 기대하시는 것이 아니라, 그 선물의 가치를 적절히 평가하고 있음을 보여 주는 방식으로 그 선물을 사용하고 그 선물에 반응하기를 기대하신다. 이 경우, ("이에는 이, 눈에는 눈"처럼-역주) 생명에는 생명(a life for a life)이다! 이것이 참으로 정확한 관찰이라면, 이어지는 단락에서 이 사실들을 확립하려고 하겠지만, 하나님은 많은 그리스도인들이 인식하고 있는 것보다 훨씬 많은 것을 이루려 하시고, 그 가능한 결과로서, 훨씬 많은 일들이 그들의 삶에 일어나게 하시려는 분이신 것을 바울은 이해하고 있었다.

1. 바울의 복음 선포에 나타난 '변화'

그의 삶에 개입하신 하나님의 구원 역사, 그가 예수님을 믿음으로 인한 결과들, 예수님으로 말미암아 열린 길을 통해 하나님 앞에서 의롭다 함을 받고자 한 것을 깊이 생각하면서, 바울은 이렇게 썼다.

내가 토라로 말미암아 토라에 대하여 죽었나니, 이는 하나님에 대하여 살려 함이라. 내가 그리스도와 함께 십자가에 못 박혔나니, 그런즉 이제는 **내가** 사는 것이 아니요 오직 내 안에 **그리스도**께서 사시는 것이라. 이제 내가 육체 가운데 사는 것은 나를 사랑하사 나를 위하여 자기 자신을 버리신 하나님의 아들을 믿는 믿음 안에서 사는 것이라. (갈 2:19-20)

바울은 자기 삶에 일어난 극적이고 실제적인 변화를 말하고 있다. 그는 자신의 삶을 보면서 옛 자아가 더 이상 그의 현재 존재나 행위를 주도하거나 형성하지 않는다고 이해한다. 그 대신에 예수 그리스도께서 친히 바울 안에서 새로운 방식으로 육체를 취하셨으며, 바울을 새사람으로 만드셨다. 이 새사람은 그리스도의 지도를 받는 사람이며, 그리스도의 의지와 존재와 행위의 확장이다. 나는 이것이 바울이 묘사하는, 의롭다 함을 받은 사람의 삶이라고 제안하려 한다. 실제로 위에서 언급한 본문 바로 앞에 있는 네 절(갈 2:15-18)에는 토라가 정한 의식을 따라 형성된 삶의 모습과 정반대되는, 예수님을 믿음으로 말미암아 의롭다 함을 얻는 것에 관한 심도 있는 논의가 제시되었다.[5] 의롭다 함을 받은 사람의 삶에 대한 이러

---

5 몇몇 주석은 이 단락 해석에 유익한 지침을 제공한다. 예를 들어, F. F. Bruce, *Galatians*, NIGTC (Grand Rapids: Eerdmans, 1982), 135-47; Richard Longenecker,

한 묘사는 **변화된** 삶에 대한 묘사다. 하나님의 의에 이르게 된 사람은 그리스도가 친히 그 사람의 육체를 취하신 사람이다.

토라가 아니라 예수님과 연합함으로써 발견되는 의를 향한 갈망을 매우 사적으로 말하고 있는 두 번째 단락에서, 바울은 '변화'를 좀 더 엄밀히 반영하는 용어를 사용한다.

내가 그[그리스도]를 위하여 모든 것을 잃어버리고 배설물로 여김은 그리스도를 얻고 그 안에서 발견되려 함이니, 내가 가진 의는 토라에서 난 것이 아니요 오직 그리스도를 믿음으로 말미암은 것이니, 곧 믿음으로 하나님께로부터 난 의라. 내가 그리스도와 그 부활의 권능과 그 고난에 참여함을 알고자 하여 그의 죽으심을 '본받아'(*symmorphizomenos*, '그와 동일한 모양이 되는 것') 어떻게 해서든지 죽은 자 가운데서 부활에 이르려 하노니. (빌 3:8-11)

이 본문에서 두 가지 요지가 특히 중요하다. 첫째는, 예수님처럼 되는 것, 특히 죽기까지 순종하심으로써 보여 주신 예수

Galatians, WBC (Dallas: Word, 1990), 80-96; James D. G. Dunn, *The Epistle to the Galatians* (London: A. C. Black, 1993), 131-50; Ben Witherington Ⅲ, *Grace in Galatia: A Commentary on Paul's Letter to the Galatians* (Grand Rapids: Eerdmans, 1998), 169-96; David A. deSilva, *Global Readings: A Sri Lankan Commentary on Paul's Letter to the Galatians* (Eugene, OR: Wipf & Stock, 2011), 112-36을 보라.

님의 자기희생적 순종을 **본받는 것**(빌 2:5-11)은 예수님을 아는 것(즉, 그분과 일종의 관계를 맺는 것)과 "그 안에서" 의를 발견하는 것에 통합적이고 본질적인 과정이라는 사실이다. 둘째는, 그것은 그리스도의 부활에 참여하는(그래서 영생에 들어가는) 일에 통합적이고 본질적인 과정이라는 사실이다. 이것은 바울이 그리스도와 함께 죽는 것이 그리스도와 함께 부활하기 위한 선행 조건이라고 제시하는 다른 진술들과 완전히 일치한다. 바울은 늘 윤리적인 함의를 담아 이와 같은 언어를 사용한다. 다시 말해서, 이러한 죽음은 우리의 삶과 행위의 변화를 의미한다(이 비유는 로마서 6:1-23에서 분명히 언급되었다).

바울은 네 개의 서신에서 변화와 관련된 이 언어를 개종자들을 위한 자신의 목표로, 또는 그들을 위한 하나님의 대단히 중요한 목적으로 적용한다. 갈라디아서에서, 만일 하나님의 의를 얻고 싶다면 할례와 그 밖에 율법에 명기된 행위를 통해 실제로 유대인이 되어야 한다는 거짓 교사들의 주장에 이방인 개종자들이 굴복하는 것을 보고, 바울은 특히 이러한 언어를 사용했다.[6] 어느 때에는 바울이 이렇게 주장한다. "나의 자

---

6 갈라디아서의 목회적 상황, 그리고 바울을 반대하던 거짓 교사들의 "복음"에 대해서는 Bruce, *Galatians*, 19-32; Longenecker, *Galatians*, lxxxviii-c; Dunn, *Galatians*, 9-19; Witherington, *Grace in Galatia*, 21-25; deSilva, *Global Readings*, 8-20을 보라.

녀들아, 너희 속에 그리스도의 형상(morphōthē)을 이루기까지 다시 너희를 위하여 해산하는 수고를 하노니"(갈 4:19). 바울 자신이 매우 위태로운 상황에 있다고 믿었기 때문에 생생하고 감정적인 시점에 있을 때 표현한 이 이미지는 그에게 가장 근본적인 것은 그의 제자들 안에 그리스도의 형상이 이루어지는 것임을 다시금 암시한다. 그리스도께서 바울 안에서 자기 형상을 이루시고 새로운 생명을 취하신 것처럼 말이다(갈 2:19-20). 이 순간, 바울은 그의 사명이 본질적으로 "사람들의 영혼을 구하거나" "최후의 심판 때 사람들을 곤경에서 구하는 것"이 아니라고 밝힌다. 우선적으로 그의 사명은 사람들과 함께 하나님의 이러한 사역에, 이러한 심오하고 근본적인 변화에 복종하는 것이다. 그럼으로써 그들이 옛 모습으로 살아가던 일을 중단하고, **그리스도 그분의** 뜻과 존재와 행위의 확장이 되게 하는 것이다.

새 언약에서의 하나님 사역을 설명한 비슷한 이미지가 바울이 고린도 교회에 보낸 편지 중에서 남아 있는 두 번째 편지에 등장한다.[7] 모세를 중보로 하여 맺은 언약보다 새 언

---

7 바울은 고린도의 여러 교회에 적어도 네 통의 편지를 썼다. 바울은 고린도전서 5:9에서 어떤 오해를 야기한 첫 번째 편지를 언급하고, 고린도후서(2:1-4, 9; 7:8)에서는 고린도전서를 보낸 이후, 그리고 고린도 교회를 방문한 이후에 보낸 고통으로 가득한 편지를 언급한다.

약이 우월함을 입증하는 논증의 절정에서, 흥미롭게도 칭의나 행위, 심지어 믿음이라는 용어를 전혀 사용하지 않은 논증에서, 바울은 "우리가 다 수건을 벗은 얼굴로 거울을 보는 것[즉, 그의 얼굴에서 베일을 벗기고 그의 영광을 보는 것]같이 주의 영광을 보매, 그와 같은 형상으로 변화하여 (*metamorphoumetha*) 영광에서 영광에 이르니, 주, 곧 성령으로 말미암아 [나오는 어떤] 것이니라"라고 선언한다(고후 3:18). "우리가 … 변화하여"라고 번역된 그리스어는 영어의 "변형"(metamorphosis)이라는 차용어로 지금도 남아 있으며, 이것은 하나님께서 새 언약을 통해서 이루시려는 것에 대한 바울의 비전을 정말 잘 포착했다.

우리가 예수님을 우리의 구원자로 믿고, 우리의 죄를 사함받고 영원한 복으로 들어가기 위한 방법으로 그분의 죽음과 부활을 의지할 때, 우리 자신은 비록 죽을 운명을 가지고 태어났지만 그 안에서 거대한 변화가 발생하는 고치가 되어야 한다. 제3자가 보지 못하도록 뒤로 물러나 그 과정을 숨기는 고치는 실제로는 없으므로, 물론 이러한 유비가 딱 들어맞는 것은 아니다. 변화의 과정은 전적으로 눈으로 볼 수 있게 드러날 것이다. 그 과정은 더디고, 또 지속적으로 앞으로 나아가는 것은 아니기에, 이 변화는 그리스도인들에게는 종종 당혹스러운 지점일 때도 있다. 하지만 우리 속에서 **실제로** 일어나고 있는 변화들은 하나님의 능력과 의가 작용하고 있다는 생생한 증거이기도 하다.

여러 서신에서 바울은 우리 내부에서 또는 우리 사이에서 행하시는 하나님 사역의 중심에 있는 이러한 변화를 설명하기 위해 이미지를 사용한다. 그것은 한 벌 옷을 벗어 버리고 다른 옷 한 벌을 둘러 입는 신자의 이미지다. 옷이라는 이미지는 과거에 우리가 어떤 사람이었는지, 그리고 지금 우리가 그리스도 안에서 어떤 사람으로 변화되고 있는지를 분명하게 보여 준다.

여러분은, 지난날의 생활방식에 얽매여서 허망한 욕정을 따라 살다가 썩어 없어질 옛 사람을 벗어 버리고, 마음의 영을 새롭게 하여[롬 12:1-2도 보라], 하나님을 따라 참된 의로움과 거룩함으로 지으심을 받은 새사람을 입으십시오. (엡 4:22-24, 표준새번역)[8]

이 본문은 새 피조물이 의미하는 바가 무엇인지에 대한 설득력 있는 해석이다. "새 피조물"이 되는 것은 "그리스도 안

---

8 에베소서 저자의 진정성 문제는 성경학자들 사이에서 상당히 많은 논쟁의 대상이다. 이 복잡한 쟁점의 입장들에 대한 내 평가는 David A. deSilva, *An Introduction to the New Testament: Contexts, Methods & Ministry Formation* (Downers Grove, IL: InterVarsity Press, 2004), 716-21을 보라. 『신약 개론』, CLC.

에" 있을 때 나타나는 결과로서(고후 5:17), 이는 바울이 칭찬하는 일이며, **하나님**이 보시기에 가치 있는 일이라고 바울이 주장하는 바다. 그러면서 바울은 사람이 할례를 받을 것인지, 모세의 율법에 명기된 독특한 의식을 따를 것인지의 문제는 중요하지 않다고 말한다(갈 6:15).

마지막으로, 바울은 이 변화가 예수님을 믿게 될 사람들, 그리고 하나님이 미리 보여 주신 것에 믿음으로 반응하는 사람들을 위한 하나님의 목적에 핵심적인 것이라고 이야기한다. "하나님이 미리 아신 자들을 또한 그 아들의 형상을 본받게(symmorphous) 하기 위하여 미리 정하셨으니, 이는 그로 많은 형제자매 중에서 맏아들이 되게 하려 하심이니라"(롬 8:29). 우연일지 몰라도, 이 구절은 자주 인용되는 "우리가 알거니와 하나님을 사랑하는 자 곧 그의 목적대로 부르심을 입은 자들에게는 모든 것이 합력하여 선을 이루느니라"(롬 8:28)라는 말씀 바로 뒤에 나온다. 이 두 구절을 함께 읽으면, 바울이 염두에 두고 있는 "선"은 (우리가 수많은 상황에서 이 구절을 애매하게 적용하게 하는 일반적인 "선"이라기보다) 구체적으로 예수님의 형상으로 변화되는 것임이 강하게 암시된다. **이것은 우리를 위한 하나님의 대단히 중요한 목적들과 부합한다.** 이 변화는 하나님께서 신자들 안에서 시작하셨고, "예수 그리스도의 날까지 이루실"(빌 1:6) "선한 일"(good work)이다.

2. 변화의 필요성: "하나님은 외모로 사람을 취하지 않으신다"(롬 2:11)

우리의 삶, 우리의 행위, 우리 자아의 이러한 변화는 우리를 향한 하나님의 목적의 핵심이며, 자기 아들을 보내셔서 우리를 대신하여 죽게 하시고 부활해서 다시 생명을 얻게 하신 하나님의 목적의 핵심이다. 그럼으로써 그 아들 안에 완전하게 담지되어 있는 하나님의 의로운 형상이 하나님 아들의 내주하시는 영으로 말미암아 우리 안에서 살아 움직이게 된다. 이러한 변화는 의로우신 하나님의 심판대 앞에서 우리가 무죄 선고를 받아 "의로운" 사람이라는 판결을 받는다는 의미에서 최종적인 칭의의 핵심이 되기도 할 것이다.

여기서 우리가 예수님을 믿을 때 발생하는 "칭의"와 최후의 날에 무죄 선고를 받는 "칭의" 사이의 구별을 주목하는 것이 매우 중요하다. 어떤 상황에서도 이러한 변화가 우리 자신이 성취하거나 우리 스스로 이루는 것으로서 "우리의 의로움"이 되는 경우는 없다(그래서 바울이 빌립보서 3:9과 로마서 10:2-4에서 천명하는 내용은 계속해서 효력이 있다). 바울이 말하는 변화는 성령님이 능력을 주시고 성령님이 주도하심으로써 가능한 일이다. 그 변화는 우리를 대신하신 예수님의 죽으심으로 인해 우리에게 아낌없이 주시는 하나님의 은혜로운 선물이신 성령님께 전적으로 달려 있다(갈 3:3; 5:16-25). 그럼에도 하나님의 아들이 1세기 유대 지방에서 보이신 의 때문에 하나님께서 우리에게 무죄를 선고하실 것이라고 생각하는 것과 우리가 하나님의 심판대 앞에 설 때 하나님께서 우리 안에, 우리를 통하여, 우리 가운데 살아 계시는 그분의 의로우신 아들을 보시기 때문에 우리에게 무죄를 선고하실 것이라고 생각하는 것 사이에는 상당히 큰 간격이 실제로 **존재한다**.

많은 사람들은 로마 교회에 보낸 바울의 편지가 믿음으로 말미암는 칭의를 보여 주는 것이라고 여기고 있다. 그래서 이 본문을 심도 있게 다루는 것이 적절해 보인다.

> 내가 복음을 부끄러워하지 아니하노니, 이 복음은 모든 믿는 자에게 구원을 주시는 하나님의 능력이 됨이라. 먼저는 유대인에게요 그리고 헬라인에게로다. 복음에는 하나님의 의가 나타나서 믿음으로 믿음에 이르게 하나니, 기록된바 "오직 의인은 믿음으로 말미암아 살리라" 함과 같으니라. (롬 1:16-17; 하박국 2:4을 인용함)

로마서의 "논제 진술"에 해당하는 이 본문과 바로 다음 구절 간의 연결이 종종 간과되어 왔다. "왜냐하면 하나님의 진노가 불의로 진리를 막는 사람들의 모든 경건하지 않음과 불의에 대하여 하늘로부터 나타나기 때문이다"(롬 1:18).

하나님의 정의 또는 하나님의 의로움이 나타났다는 바울 선언의 출발점은 하나님의 진노가 나타났다는 선언이다. 하나님의 심판 그 자체는 놀랍게도 바울의 "기쁜 소식", 즉 복음의 한 부분이다. 바울은 **"내가 선포하고 있는 복음대로**, 하나님이 예수 그리스도로 말미암아 사람들의 은밀한 것을 심판하시는 그날"(롬 2:16)에 대해 말한다. 불의와 악한 행실을 향해 타오르는 하나님의 분노는, 성경의 증거의 처음부터 끝까지, "의로우심"이라는 하나님 성품의 핵심이다. 모든 형태의 부정과 불의를 이기신 하나님의 승리는 하나님께서 창조하신 우주에 주는 "복음"이다.

바울은 이방인 전체가 그들의 창조자이신 하나님께 불의하게 행동하고 하나님의 거룩한 표준을 어기고 있는 삶의 방식을 열거함으로써 이 이야기를 시작한다. 모든 사람은 하나님께 생명의 선물 자체를 빚지고 있고, 하나님 편에서 이미 최상의 은혜를 보여 주신 까닭에, 그 선물을 주신 하나님을 영화롭게 하며 하나님께 충성심을 보여 드리고 하나님을 섬기려는 적극적인 소원을 가지고 그 선물을 사용해야 할 의무가 있다. 하지만 그들은 이렇게 하는 대신에 그들에게 주신 하나님의 은혜를 욕되게 했으며 손상시켰고, 하나님을 영화롭게 하지 않을뿐더러, 하나님께 돌려야 할 영광을 우상에게 주었으며 하나님의 의로운 요구를 무시하는 삶을 살았다.

유대인들은 순종하라는 하나님의 명령에 전혀 응답하지 않으면서도 하나님이 그들을 받으셨다고 자만하며, 이방인들에 대해서는 하나님의 돌보심과 구원에서 벗어나 있는 "국외자들"이라며 그들을 멸시했다. 바울은 이런 동족을 향해 말한다.

너희는 이렇게 말한다. "이런 일을 행하는 자에게 하나님의 심판이 진리대로 되는 줄 우리가 아노라." 이런 일을 행하는 자를 판단하고도 같은 일을 행하는 사람아, 네가 하나님의 심판을 피할 줄로 생각하느냐? 혹 네가 하나님의 인자하심이 너를 인도하여 회개하게 하심을 알지 못하여 그의 인자하심과 용납하심과 길이 참으심이 풍성함을 멸시하느냐? 다만 네 고집과 회개하지 아니한 마음을 따라 진노의 날 곧 하나님의 의로우신 심판이 나타나는 그날에 임할 진노를 네게 쌓는도다. 하나님께서 각 사람에게 그 행한 대로 보응하시되, 참고 선을 행하여 영광과 존귀와 썩지 아니함을 구하는 자에게는 영생으로 하시고, 오직 당을 지어 진리를 따르지 아니하고 불의를 따르는 자에게는 진노와 분노로 하시리라. 악을 행하는 각 사람의 영에는 환난과 곤고가 있으리니, 먼저는 유대인에게요 그리고 헬라인에게며, 선을 행하는 각 사람에게는 영광과 존귀와 평강이 있으리니, 먼저는 유대인에게요 그리고 헬라인에게라. 이는 **하나님께서 외모로 사람을 취하지 아니하심이라[하나님은 편애하지 않으시기 때문이다].** (롬 2:2-11.)

바울은 하나님이 유대인을 선택하시고 그들과 언약을 맺으신 것 때문에 유대인은 하나님의 심판에서 제외된다는 생각에 의문을 제기한다. 그와는 정반대로, 하나님이 참으로 의로우시고 세상을 의롭게 심판하는 분이라면, 만약 하나님이 **하실 수 없는** 일이 하나라도 있다면, 그것은 바로 심판하실 때 사람을 차별하는 일일 것이다. 하나님의 거룩한 백성이 된다는 것은 심판을 받지 않고 무사통과한다는 것이 아니라, 하나님을 아는 분명한 지식이 있고 하나님께서 창조하신 사람들의 마음과 행위 속에서 보기를 바라시는 것을 행하는 언약 공동체 안으로 초청받는 것이다. 이와 같은 공동체에 속한 사람들은 하나님께서 요구하시는 것을 확실히 배울 수 있다. 또한 하나님을 기쁘시게 하고 하나님이 그들의 삶을 은혜로이 판단해 주시기를 바라면서 그러한 규범들을 구체적으로 구현하려고 노력할 때, 같은 마음을 가지고 비슷한 지식을 가진 사람들의 모임으로부터 사회적 지지를 받을 수도 있다. 이것은 어마어마한 특권이며 **은총**(favor)을 엄청나게 누리는 것이지만, **편애**(favoritism)를 의미하지는 않는다.

바울은 로마서 2:2-11에서 담대하게 주장한다. 곧 하나님께 중요한 것은 우리 스스로가 정한, 아니면 다른 사람에 의해 정해진 우리의 위치가 아니라 하나님께 대한 우리의 순종이라는 것이다. 하나님은 사람을 외모로 취하지 않으시고 편애하지 않으시기 때문이다. 그가 할례를 받았는지, 그래서 유대인 사회로 들어왔는지는 중요하지 않다(고전 7:19; 갈 5:6; 6:15을 다시 보라). 그가 하나님의 의로운 표준에 부합하는 삶을 살아 왔는지가 중요하다.

그렇다면 그리스도인의 경우에는 왜 달라야 하는지에 대한 문제가 제기된다.[9] 하나님께서 심판 때에 역사적으로 그분의 "택함받은 백성"인 이스라엘을 편애하지 않으신다면, 과연 하나님은 장차 그분 아들의 친구라는 이유만으로 그리스도인들을 편애하실까? 내가 이처럼 마음이 혼란스러운 이유는 로마 시대 마르쿠스 아우렐리우스가 황제가 되기 전에, 즉 황제의 아들이기만 했을 때 그가 받은 편지 한 통이 떠올랐기 때문이다. 원로원 의원이면서 마르쿠스의 친구인 프론토가 그의 지인이 황제의 법정에서 이로운 판결을 얻게 해 달라고 마르쿠스에게 도움을 청했다.[10] 마르쿠스 아우렐리우스가 어떻게 대답했는지 우리는 모른다. 그가 친구의 부탁을 들어주지 않았다고 해도 전혀 이상한 일은 아니다. 연줄을 이용해서 판결을

---

9 헨드리커스 보어스(Hendrickus Boers)의 도발적인 논문 "We Who Are by Inheritance Jews; Not from the Gentiles, Sinners," *JBL* 111 (1992): 273-81을 보라. 이 논문에서 보어스는 "세례라는 인증을 통해 기독교가 하나님과의 독점적인 관계를 요구한다는 주장, 즉 바울이 이전에 갈라디아서에서처럼 로마서에서도 부인했던, 유대인들이 갖고 있다는 그 특권을 기독교가 요구한다."라는 사실에 이의를 제기한다(277).

10 Fronto, *Ad M. Caes.*3.2. 키케로가 후기 공화정 시기에 쓴 이와 비슷한 편지를 보라(*Ad Familiares* 13).

잘 받게 해 주는 것은 일종의 "은혜"인데, 그 당시에 이는 높은 지위에 있는 사람이 친구나 의뢰인을 위해 해 줄 수 있는 일이었다. 하지만 이것이 **잘 알려진** 관행이라 해도, 이교도인 그리스와 라틴의 도덕가들은 이것이 **정의로운** 관습이 아니라고 인정했을뿐더러, 재판관이 그 영향을 받아 판결했다면 그는 "정의롭게" 행동한 것이 아니다. 그렇다면, 하나님이 하신 말씀에 순종하지 않으면서 우리가 스스로를 그분 아들의 친구라고 부른다는 이유만으로, 하나님이 자신이 어떤 존재인지를 잊으실 것이라고, 즉 "의로우신" 재판관으로서의 성품을 망각하실 것이라고 그리스도인들은 생각해도 되는 것일까?

바울은 여기서 한 걸음 더 나아가 이렇게 쓴다. "네가 토라를 행하면 할례가 유익하나 만일 토라를 범하면 네 할례는 무할례가 되느니라"(롬 2:25). 자신이 그리스도를 믿는다고 주장하고 복음을 받아들이고 세례를 받음으로써 구원을 받았다고 자랑하면서도, 그들이 믿는다고 고백하는 주님의 계명대로 살지 않는 사람들에게 바울은 이와 비슷한 말을 하게 될까? 바울은 "네 세례가 무세례가 되었다."라고 말할까? 우리는 예수님이 어떻게 대답하실지에 관해 마태가 기록한 내용을 잘 알고 있다.

나더러 "주여, 주여" 하는 자마다 다 천국에 들어갈 것이 아니요, 다만 하늘에 계신 내 아버지의 뜻대로 행하는 자라야 들어가리라. 그날에 많은 사람이 나더러 이르되, "주여, 주여, 우리가 주의 이름으로 선지자 노릇 하며, 주의 이름으로 귀신을 쫓아내며, 주의 이름으로 많은 권능을 행하지 아니하였나이까?" 하리니, 그때에 내가 그들에게 밝히 말하되, "내가 너희를 도무지 알지 못하니, 불법을 행하는 자들아, 내게서 떠나가라." 하리라. (마 7:21-23)

역사적으로 하나님 백성인 이스라엘의 불순종은 세상에서 하나님의 명성에 오점을 남겼다. "토라를 자랑하는 네가 토라를 범함으로 하나님을 욕되게 하느냐? 기록된 바와 같이, '하나님의 이름이 너희 때문에 이방인 중에서 모독을 받는도다'"(롬 2:23-24; 이사야 52:5을 인용함). 예수님께 속했다고 주장하는 사람들이, 사실은 그렇지 않은 사람들처럼 살아갈 때도 마찬가지다. 밀레니얼 세대(millennial generation, 1980년대 초반부터 2000년대 초반에 출생한 세대-역주)는 그리스도인들의 이런 모습을 목격하고 교회에 등을 돌리기도 했다.[11]

"하나님은 사람을 외모로 취하지 아니하신다[하나님은 편

---

11 매력적이지만 비난을 받고 있는, 데이비드 키너맨과 게이브 라이온스의 책을 보라. David Kinnaman and Gabe Lyons, *unChristian: What a New Generation Really Thinks about Christianity ... and Why It Matters* (Grand Rapids: Baker, 2012).

애하지 않으신다]"(롬 2:11). 신구약 성경 저자들과 신구약 중간기 책들은 이것이 의로운 재판관의 핵심적인 속성이라고 주장한다(대하 19:7; Sir 35:13-16; *1 En.* 63:8; *T.Job* 4:7; 43:13; 행 10:34; 갈 2:6; 엡 6:9; 골 3:25). 바울도 하나님에 관해 이와 비슷하게 확언하는데, 곧 하나님이 사람을 외모로 취하지 않으신다는 것은, 그분의 아들을 모르는 사람들에게만 작용하는 하나님의 성품이 아니라 하나님의 절대적인 속성이라는 것이다. 그러므로 복음은 다음과 같은 의미일 **수가 없다**. 곧 하나님이 세상을 심판하러 오실 때, 당신이 의롭지 않는데도 당신을 의로운 사람으로 대우하실 것이라든가,[12] 당신이 무엇을 하든지, 어떻게 살든지, **누구**를 위해 살든지 상관없이 그날에 하나님의 심판에서 구원을 받는다든가, 예수님의 의는 당신이 하나님의 처벌을 면하게 하기에 충분하다든가, 하나님은 당신에게 아무것도 기대하지 않으신다 하는 것 말이다.

만일 바울의 복음이 의미하는 바가 이런 것이라고 생각한다면, 우리는 하나님이 **사실은** 편애하시는 분이라고 말할 각

---

12 이것은, 처음 칭의에 있어서, 예수님의 자기희생적 죽음에 근거한 은혜와 긍휼의 행위로서, 우리가 의롭지 않을 때 하나님께서 우리를 의롭다고 인정해 주시고, 하나님을 대항하고 모욕하는 우리의 죄를 없애 주신다는 사실을 부인하는 것이 아니다(롬 4:5-8을 보라). 하지만 이것은 우리 생애에서 하나님의 은혜로 인한 길고 긴 사역의 시작이지, 모든 것이자 궁극적인 것은 아니다. 이어지는 모든 자료는 바로 이 점이 **바울의** 메시지임을 증명할 것이다.

오를 해야 한다. 하나님은 그분 아들의 친구들은 별도 세트의 표준대로 심판하시고, 그 외에 다른 사람들은 또 다른 세트의 표준대로 심판하실 것이다. 그래서 만약 두 번째 그룹에 속해 있었다면 시험을 통과하지 못했을, 첫 번째 그룹에 속한 사람들에게 하나님은 무죄라고 선언하실 것이다. 이와 같은 견해는 순진하며, 우리에게도 불공평하다. 유대인들은 그들이 하나님께 특별한 은총을 받아 누리고 있다는 주장을 정당화하기 위해 굉장히 많은 양의 성경 본문을 가지고 있었다. 만일 유대인이 하나님 앞에서 특권을 누리고 있다는 주장을 바울이 부인하기 위해 그렇게까지 했다면, 바울은 심판의 때에 하나님께서 그리스도인들에게 이중적인 표준을 적용하실 것이라고 믿는 것으로 우리가 위안을 삼지 못하게 했을 것이다.

3. 변화의 필요성: 바울은 막연한 믿음을 넘어 구원에 조건을 부여한다

로마서에서 한 단락만 읽고 나서 그 단락에 근거하여 앞에 서처럼 주장한다면, 너무 성급할 수 있다. 그러나 바울 서신 전체에는, 로마서 2:6-11이 다른 모든 사람들뿐 아니라 그리스도인과도 관련되는 하나님의 정의와 심판에 대한 바울의 신념을 정당하게 진술하고 있다고 확인해 주는 강한 맥락이 흐르고 있다. 나는 신학자들이 로마서 2:6-11을 설명할 때 그리스도가 재림하시는 일이나 누가 예수님을 믿는 일 **이전에**, 또는 이 두 가지 일과는 **상관없이** 하나님께서 어떻게 심판하시는지에 대한 가상적인 주장에 불과하다는 식으로 말하는 것을 들은 적이 있다. 이 신학자들은 막연히 그들의 희망 사항을 말하고 있을 뿐이라고 바울은 여러 편지에서 증언한다.[13]

방금 전에 제시한 본문 다음에 등장하는 로마서 몇 구절을 예로 들어 보자. "너희가 육신대로 살면 반드시 죽을 것이로되 영으로써 몸의 행실을 죽이면 살리니, 무릇 하나님의 영으로 인도함을 받는 사람은 곧 하나님의 아들이라"(롬 8:13-14). 마지막 문장에서 바울은 죽음 이후의 삶과 그리스도의 부활에 참여함에 관하여 매우 구체적으로 이야기한다. 그는 이 구절 바로 앞에서 이렇게 말했다. "예수를 죽은 자 가운데서 살리신 이의 영이 너희 안에 거하시면 그리스도 예수를 죽은 자 가운데서 살리신 이가 너희 안에 거하시는 그의 영으로 말미암아 너희 죽을 몸도 살리시리라"(롬 8:11). 바울이 여러 번 말하고 있는 "만일 (~한다면, if)"은 그리스어 본문에도 실제로

---

13 마이클 버드 역시 로마서 2:1-16이 가설에 불과하다고 여기는 해석을 거부한다. "가상적인 주장을 하는 것이 아님을 매우 분명하게 보여 주는, 행위에 관한 비슷한 진술들을 바울 서신 여러 곳에서 확인할 수 있기 때문이다(참조. 고전 2,10-15; 고후 5,10; 롬 14,10)." Michael Bird, *The Saving Righteousness of God: Studies on Paul, Justification and the New Perspective* [Milton Keynes, UK: Paternoster, 2007], 160.

존재하며, 내가 이 본문을 번역하면서 내 맘대로 한 것이 아니다. 바울은 지금 부활 "생명"에 들어가는 **조건들**을 제시하고 있다. 하나님의 영이 한 사람의 생애에 원동력이 되시게 해야 하고, 우리가 자신을 위해 사는 것을 멈추게 하시도록 해야 한다. 자기중심적, 자기 주도적 삶(바울은 이를 "육체"[the flesh]라고 말한다)을 살기 위해 계속해서 정욕과 욕구를 채우는 것은 변화와 구원이라는 하나님의 사역을 망쳐 버린다. 이와는 반대로, 하나님의 귀한 선물인 성령을 통해서 우리 안에서 행하시기를 바라는 변화에 우리 자신을 굴복시킨다면, 우리가 믿음을 가지면서 하나님이 우리 안에서 시작하신 구원 사역을 하나님이 완성하실 수 있다. 사실 "하나님의 자녀"가 되기 위해서는 누구나 "성령의 **인도하심**을 받아야" 한다(롬 8:14).[14]

바울은 구원의 관점에서 "장애가 되는 것"을 다른 편지에서 열거하는데, 여기에서는 구원을 하나님 나라에 들어가는 것으로 이해한다.

육체의 일은 분명하니, 곧 음행과 더러운 것과 호색과 우상 숭배와 주술과 원수 맺는 것과 분쟁과 시기와 분 냄과 당 짓는 것과 분열함과 이단과 투기와 술 취함과 방탕함과 또 그와 같은

---

14 이 점과 관련하여 그리스어 구문은 분명하다. 이 구절을 "하나님의 모든 자녀는 다 성령의 인도함을 받는다."라는 의미로 뒤집을 수는 없다.

것들이라. 전에 너희에게 경계한 것같이 경계하노니, 이런 일을 하는 자들은 하나님의 나라를 유업으로 받지 못할 것이요. (갈 5:19-21)

불의한 자가 하나님의 나라를 유업으로 받지 못할 줄을 알지 못하느냐? 미혹을 받지 말라. 음행하는 자나 우상 숭배하는 자나 간음하는 자나 탐색하는 자나 남색하는 자나 도적이나 탐욕을 부리는 자나 술 취하는 자나 모욕하는 자나 속여 빼앗는 자들은 하나님의 나라를 유업으로 받지 못하리라. 너희 중에 이와 같은 자들이 있더니, 주 예수 그리스도의 이름과 우리 하나님의 성령 안에서 씻음과 거룩함과 의롭다 하심을 받았느니라. (고전 6:9-11)

너희도 정녕 이것을 알거니와 음행하는 자나 더러운 자나 탐하는 자 곧 우상 숭배자는 다 그리스도와 하나님의 나라에서 기업을 얻지 못하리니, 누구든지 헛된 말로 너희를 속이지 못하게 하라. 이로 말미암아 하나님의 진노가 불순종의 아들들에게 임하나니. (엡 5:5-6)

이 "헛된 말"은 무슨 뜻일까? 에베소서의 문맥은 "헛된 말"이 계속해서 자신을 위해 살고 자신의 관심사와 자신의 만족감(그래서 에베소서 5:5에 언급된 음행과 더러움과 탐욕에 계속 자리를 내주는 것)을 위해 사는 삶의 결과들을 부인하는 것과 관련이 있음을 꽤 분명히 제시한다. 이 "헛된 말"에는 다음과 같은 주장이 포함될 것이다. 하나님은 한 사람의 삶의 방향이 완전히 새로워지기를 요구하지 않으신다는 것, 하나님은 사람들이 공적인 고백이나 내적인 "믿음"이나 우리를 대신하신 예수님의 죽음에 관한 주장을 타고 내려가("마치 미끄럼틀을 타듯"-역주) 물세례를 받는 것으로 만족하신다는 것, 그리고 우리의 행위는 우리가 구원받는 데 정말로 중요하지 않은데 만약 그렇다면 구원은 어느 정도 행위에 의거하기 때문이라는 것 등이다. 그러나 사실 이와는 정반대다. 우리는 "행위에 의한 심판이 바울 신학에 **필수적**이며, 그저 일관성 없는 변칙이 아니다."라는 사실을 심각하게 고려하기 시작해야 한다.[15]

이 지점에서 '제자도 과정에서 실패하는 것'과 '변화를 추구

---

15 E. P. Sanders, *Paul, the Law, and the Jewish People* (Philadelphia: Fortress, 1983), 123-36.『바울, 율법, 유대인』, 크리스챤다이제스트; H. Räisänen, *Paul and the Law*, 2nd ed. (Tübingen: Mohr Siebeck, 1993), 101-07와 Bird, *Saving Righteousness*, 159를 비교하라. 라이트(N. T. Wright)는 이 본문들과 함께 다른 본문 몇 개를 더 인용해서 최후 심판이 틀림없이 행위 또는 율법 성취와 관련된 어떤 것임을 증명한다. 라이트는 로마서 8장에 대한 중요한 관찰을 덧붙인다. "바울은 '그러므로 이제 그리스도 예수 안에 있는 자에게는 결코 정죄함이 없다'라고 선언한 바로 이 장의 중심부에서 '너희가 육신대로 살면 반드시 죽을 것이로되 영으로써 몸의 행실을 죽이면 살리니'라고 쓰기도 한다(롬 8:1, 13)"(185). N. T. Wright, *Justification: God's Plan and Paul's Vision* (Downers Grove, IL: InterVarsity Press, 2009), 184-85.『톰 라이트, 칭의를 말하다』, 에클레시아북스.

하지 않는 것'을 구별하는 것이 중요하다. 갈라디아서 5:19-21에서 바울은 이 죄들 중 어느 한 가지 죄에 빠져 있을지도 모르는 사람들(사실 우리도 다 그런 사람이다)에 관해 이야기하는 것이 아님을 분명히 한다. 이러한 악한 일을 **계속 행하는 사람들,** 이러한 죄를 하나님의 의와 우리를 향한 그분의 바람을 대적하는 것으로 인식하고 악한 태도와 관습을 버리기 위해 성령의 인도하심과 능력을 구하는 대신에, 계속해서 이런 죄악에 자리를 내주는 사람들에 대해 바울은 말하고 있다. 바울은 같은 책 갈라디아서 바로 다음 장에서 이 사실을 더욱 분명히 설명한다.

스스로 속이지 말라. 하나님은 업신여김을 받지 아니하시나니, 사람이 무엇으로 심든지 그대로 거두리라. 자기의 육체를 위하여 **계속 심는** 자는 육체로부터 썩어질 것을 거두고, 성령을 위하여 **계속 심는** 자는 성령으로부터 영생을 거두리라. 우리가 선을 행하되 낙심하지 말지니, 포기하지 아니하면 적당한 때가 이르매 거두리라. 그러므로 우리는 기회 있는 대로 모든 이에게 착한 일을 하되, 더욱 믿음의 가정에 속한 이들에게 할지니라. (갈 6:7-10)

변화는 **필수적인** 과정이다. 하지만 그것은 여전히 (자신을 위해 사는 삶의 과정과 상반되는) 일종의 **과정**이다. 더욱이 바울의 관점에서 볼 때, 우리 자신을 헌신하는 데는 실제로 두 가지 방향만 있을 뿐이다. "육체"의 의제(agenda)를 해결하는 것과 "성령"의 의제를 해결하는 것, 이 두 가지뿐이다. 바울은 독자들에게 상반되는 두 방향에 걸쳐 있지 말고 그들의 삶에 일관성을 갖추라고 권면한다. 바울은 우리 자신을 성령의 의제와 그리스도께 온전히 드림으로, 우리 안에서 생명이 작용하게 하고, 그리스도가 우리에게 원하시는 바와 우리를 통해서 세상에 이루기를 바라시는 것을 살아 내라고 권한다.[16]

---

16 버드는 하나님이 변화된 삶을 **정말로** 기대하신다는 견해를 상당히 지지하기는 하지만, 칭의에 대한 이 견해에는 만족하지 않을 것이다. 그가 평가하기에, "그 견해는 종말론적 칭의의 원인적 자료를 기독론에서 성령론으로 옮기고 있기 때문이다. 이러한 관점과 관련하여, 바울은 유대교와 견해를 달리한다. 미래의 심판 때 발생할 부정적인 결과를 그리스도가 막아 주셨다고 주장함으로써 그러는 것이 아니라, 다만 그리스도인들이 그 요구들을 충족시키기 위해 독특하게 힘을 공급받고 있다는 그의 믿음으로 말미암아 유대교와 멀어진 것이다"(Bird, *Saving Righteousness*, 173). 하지만 나는 이러한 과정 속에서 삼위일체 중 종종 간과되는 세 번째 위격에 적절한 비중을 두는 것이 이점이 있다고 생각한다. 특히 바울은 방금 언급한 것에 비중을 두고 있다(갈 3:14; 5:5-6에서 그러하듯이). 바울은 동사 디카이오오(*dikaioō*)를 사용하는 고린도전서의 한 본문에서 그리스도와 성령 두 분의 사역과 연결하여 그 단어를 사용한다. "너희 중에 이와 같은 자들이 있더니 주 예수 그리스도의 이름과 우리 하나님의 성령 안에서 씻음과 거룩함과 의롭다 하심을 받았느니라"(고전 6:11). 그러므로 적어도 칭의에 있어 성령에게 어떤 역할을 부여하는 것은 확실히 바울 신학에 속한다. 고틀로프 슈렝크(Gottlob Schrenk)도 갈라디아서 3:2, 5에서 "로마서 3:28의 믿음으로 말미암는 칭의와 매우 비슷한 표현들이 성령을 받음에 사용되었"음을 주목했다("*Dikē, etc.*," in *Theological Dictionary of the New Testament*, ed. Gerhard Kittel, trans. G. W. Bromiley [Grand Rapids: Eerdmans, 1964], 2:208). 슈렝크는 이렇게 결론을 내린다. "칭의의 사역을 완성하는 것은 오직 성령론이다"(209). 그래서 나는 확고하게 삼위일체적 방식으로 라이트를 변

바울의 편지에서 연달아 제시되는 증거는, 하나님이 제공하시는 구원을 받아들이는 데 있어서 우리가 해야 할 역할에 관한 가장 중요한 진술이 로마서 10:9("네가 만일 네 입으로 예수를 주로 시인하며 또 하나님께서 그를 죽은 자 가운데서 살리신 것을 네 마음에 믿으면 구원을 받으리라")이라는 (자주 제기되는) 가정에 이의를 제기한다. 아니면, 좀 더 적극적으로 표현해서, 예수님을 믿는다는 것과 예수님을 믿고 고백하는 행위가 효력을 가질 수 있으려면, 우리 입술로 예수님을 인정한다는 것이 어떤 의미인지와 관련해서 로마서 10:9은 바울의 총체적인 증언의 틀 안에서 해석되어야 한다. 이 단락과 그 앞 단락에서 검토한 바울의 진술을 담을 만한 여지가 우리의 신학에 없다면, 이 본문들이 "구원 얻는 방법"을 서술하는 우리의 신학(즉, 구원론-역주)에 적합하지 않다는 이유로 이 본문들을 덜 중요하게 다루거나 자기 신학에 맞추거나 아예 전적으로 간과하려는 유혹을 이기고, 이러한 신학을 재검토하는 것이

론하려 한다. "내가 아주 함축적으로 신자들에게 '십자가에 못 박히시고 부활하신 구세주 이외에' 다른 사람이나 다른 것을 믿으라고 부추긴다는 혐의를 받는다면, 나는 내 책임을 인정하겠다. … 나는 성령님을 믿는다고 말이다"(Wright, *Justification*, 188). 그와 동시에 그리스도의 지위는 사실 약화되지 않는다. 성령님의 사역은 그리스도의 비밀을 우리 안에 살아 있게 하고 우리를 통해 살아나게 하시는 것이니 말이다(갈 2:19-20; 4:19을 보라). 바울은 성령님의 사역과 신자의 변화에 대해 말할 때에도 그리스도 중심적이다.

현명할 것이다.[17]

하지만 바울의 복음은 여전히 **좋은** 소식이다. 그 복음은 하나님께서 우리를 변화시키기 위해 어떤 일을 하셨는지에 관한 메시지이다. 그 복음은 우리의 변화를 위해 하나님이 준비하신 것에 관한 것이며, 그래서 우리가 하나님의 선물로 말미암아 의인이 되었고, 하나님 그분 **없이는** 최후의 심판 때에 우리가 의롭다는 인정을 받지 못할 것이라는 메시지다. 또한 바울의 복음은 어떻게 하나님께서 "자기의 의로우심을 나타내사 자기도 의로우시며 또한 예수 믿는 자를 의롭다 하려 하"셨는지에 관한 메시지다(롬 3:26).

4. 바울에게 '칭의'는 무엇을 뜻하는가?

하나님을 "경건하지 아니한 자를 의롭다 하시는 이"(롬 4:5)라고 말할 때, 이 말이 뜻하는 바는 무엇일까?[18] 우리의 변화

---

17 라이트(*Justification*, 31)는 바울 신학을 퍼즐 맞추기에 비유하는데, 이는 유익하다. 즉 (예배당 의자에 앉아 있는 신학자들을 비롯해서) 많은 해석자들이 상자 안에 많은 퍼즐 조각들을 남겨 두거나 책상에 있는 퍼즐 조각들을 바닥으로 쏟아 버리고는, 그 나머지 퍼즐 조각들만으로 억지로 어떤 그림을 만들려고 한다는 것이다.

18 이 질문으로 인해 엄청난 양의 학문적, 대중적인 글이 생겨났다. 다양한 답변을 다룬 최근의 유익한 개관에 대해서는 James K. Beilby and Paul R. Eddy, eds., *Justification: Five Views* (Downers Grove, IL: InterVarsity Press, 2011)를 보라. 이 주제를 다른 관점에서 토론한 중요한 최근 저술들은 다음과 같다. Wright, *Justification*; Bird,

가 바울 복음의 매우 중요한 측면이며, 심판 때 하나님께서는 편애하지 않으시므로, "칭의"의 온전한 의미는, 그 사건의 진상과는 다르게, 틀림없이 유죄인 사람을 무죄라고 선언하는 법적인 판결 그 이상을 포함할 것이다. 의로운 자가 우리 대신 벌 받은 것을 하나님이 인정해 주셨기 때문이다. 법적 상황에서 "칭의"와 관련된 단어군은 "변호" 또는 "무죄 선언"이라는 의미를 전달하며, 그래서 문제의 당사자에게 이로운 판결을 내린다. 특히 로마서 2-3장에서 바울은 확실히 법적 언어가 사용되는 상황에서 이 단어군에 속한 어휘들을 사용하고 있다. 하지만 바울이 최후 심판의 법정 장면을 묘사할 때 그 용어만 사용하는 것은 **아닐뿐더러**, 우리가 바울의 글에 "칭의", "의롭게 하다", "의로운" 또는 "정의[의]"라는 단어가 등장할 **때마다** 이런 문맥을 집어넣어 읽어야 한다는 지침도 없다.

고대 세계에서는 그가 속한 사회에서 규정한 "관습과 [용인될 만한] 행동 규범을 지키는" 한, "의롭다"(*dikaios*)고 여김을 받는다.[19] 기존의 규범에 따라 살기만 한다면, 그는 "의

Saving Righteousness; Mark A. Seifrid, *Christ Our Righteousness* (Downers Grove, IL: InterVarsity Press, 2000); Michael J. Gorman, *Inhabiting the Cruciform God* (Grand Rapids: Eerdmans, 2009).

19 Walter Bauer, Frederick Danker, et al., *A Greek-English Lexicon of the New Testament and Other Early Christian Literature*, 3rd ed. (Chicago: University of Chicago Press, 2000), 246, col. 1; Ceslaus Spicq, "*dikaios*, etc.," in *Theological Lexicon of the New Testament*, trans. James D. Ernest (Peabody, MA:

로웠다." 그리스어 구약 성경(칠십인역)의 용례와 매우 유사한 신약 성경에서, 디카이오스(*dikaios*, "의인")는 죄인(마 9:13; 막 2:17; 눅 5:32; 15:7; 롬 5:19), 불의한 사람(마 5:45; 행 24:15), 불순종하는 사람(눅 1:17), 경건하지 않은 사람(롬 5:6-7; 딤전 1:9; 벧전 4:18), 무법한 사람(마 13:41; 딤전 1:9), 사악한 사람(마 13:49), 외식하는 사람(마 23:28; 눅 20:20)과 대조된다. 이처럼 부정적으로 묘사한 것(즉, 의롭지 않다)을 보면, 디카이오스는 하나님에 대한 의무와, 하나님 때문에 다른 사람들에게 다해야 할 의무를 의식하면서 하나님의 의로운 요구를 성취하는 사람이라는 것이 분명하다. 하나님께서 그에게 바라시는 것을 행하되, 하나님을 기쁘시게 하는 태도를 가지고 하나님을 경외하는 심정으로 그 일을 행하는 사람이 의인이다.[20]

관련된 명사인 "정의"(justice) 또는 "의"(righteousness, *diakiosynē*)는 이와 비슷하게 "하나님의/율법적인 표준에 의해 결정된 올곧음(uprightness)"으로 정의된다.[21] 이 단어는 기

Hendrickson, 1994), 1:322-25; Schrenk, "*Dikē*, etc.," in *Theological Dictionary of the New Testament*, 2:182, 185, 189-90, 192, 196. 헬라적 유대 저술들에서는 일반적으로, 그리고 상당히 자연스럽게 이 단어가 하나님의 율법인 토라에 순종하는 사람을 의미했다(Josephus, *Ag. Ap.* 2.293; *Ant.* 6.165; 8.208).

20 Spicq, "*dikaios*, etc.," 324.
21 Bauer, Danker, et al., *Greek-English Lexicon*, 248, col. 2. 마치 법정 이미지가 이 단어나 관련 단어들에 대한 바울의 모든 사용 방식을 결정한다거나, 또는 (바울 자신은 물론이고) 바울의 독자들에게 라이트가 바울의 용례라고 주장하는 구체화된 의미

존의 규범이나 세트로 된 표준들과 적극적으로 일치하는 것을 언급한다. 이것이 "법률 준수와 의무 이행이라는 시민의 덕성"이든지, 아니면 "계명 준수"이든지 간에 말이다.²² 헬라적 유대교 저술가들이든 초기 기독교 저술가들이든, "의"를 아노미아(*anomia*, "무법")와 하마르티아(*hamartia*, "죄")의 반의어로 제시했다.²³ "칭의"를 생각할 때, 바울이 예수님 안에 있는 우리를 향한 하나님의 목적으로서, 또는 우리 자신을 예수님께 의탁할 때 우리의 목적으로서 "무죄 선언" 또는 "변호"(디카이오시스, *dikaiōsis*)를 뜻한 것만은 아니라는 사실을 주목하는 것이 매우 중요하다. 바울은 우리의 소망과 하나님의 행하심의 목적으로서의 "의"(디카이오쉬네, *dikaiosynē*)를 말하기도 한다. 이 두 용어가 동일하지는 않다. 디카이오

들(예를 들어, *Justification*, 121, 134에 언급된 것처럼 "하나님의 진정한 가족 구성원이 됨")이 그리스-로마 상황에서 이 단어가 일반적으로 사용되던 방식을 능가하는 것인 양, 이 단어가 다소 표준적인 의미를 지니도록 허용하는 것을 라이트는 격렬히 반대한다. 라이트의 반대에도 불구하고(*Justification*, 230), 로마서 6:16-20에서 바울의 이 용어 사용은 디카이오쉬네가 틀림없이 로마서 6:16과 6:20에서 "죄"에 대한 더 적합한 안티테제(antithesis)가 될 수 있는, 법으로 제정된 도덕적 특성으로서의 "정의" 또는 "의"라는 주된 의미를 전하고 있음을 암시한다.

22 Schrenk, "*Dikē*, etc.," 192, 194.
23 신약 성경에서 바울의 편지를 제외한 글들에서, 디카이오쉬네는 "거의 언제나 신약 성경에서 하나님의 뜻을 따르고 하나님을 기쁘시게 하는 사람의 바른 행위, 하나님 앞에서의 올바른 삶, 하나님의 심판 앞에서의 올바름을 의미하기 위해 사용되었다." 이러한 용례를 보다 넓은 그리스 세계로부터 구별되게 하는 것이 있다면, 그것은 하나님과의 관계에서 의를 의미하는 상황과 "바른 행위"가 무엇인지에 대한 지식이 하나님의 계시를 통해서 온다는 점에서 그러하다(Schrenk, "*Dikē*, etc.," 198).

시스는 신자들을 대신하는 법적인 행위의 결과를 언급하고, 디카이오쉬네는 의의 윤리적 덕성, 일련의 윤리 규범들, 즉 여기서는 특히 하나님의 피조물의 행위에 대해 하나님이 가지고 계시는 표준과 일치하게 사는 삶의 결과를 언급한다. 물론 의의 윤리적 덕성은 법적인 판결을 위한 근거를 제공할 수 있다. 가끔 영어 번역은 두 용어를 혼동하여, **둘 다 "칭의"**(justification)라고 번역하기도 한다.[24] 이런 경우는 그리스어 용어들의 용례에 모호함이나 중첩이 있기 때문이 아니다. 이것은 오히려 의식하든지 그렇지 않든지 간에, 하나님께서 우리를 의로운 사람으로, 즉 하나님이 보시기에 의로운 것을 행하거나 하나님의 표준에 따라 사는 사람으로 변화시키시기를 바울이 참으로 기대한다는 사실을 받아들이는 데 주저하는 번역자들의 신학적인 신념 때문이다.[25]

---

24 예를 들어, 이러한 오류는 NRSV 롬 5:21; 고후 3:9; 갈 2:21에서 발견할 수 있다.
25 나는 마크 세이프리드의 진술에서 이 문제점을 찾아냈다. 그는 이렇게 말한다. "바울은 하나님의 승리나 거기서 나오는 새 창조를 말하면서 종종 명사 디카이오쉬네와 디카이오시스를 사용하곤 한다. … 바울의 글 어느 곳에서도, 요세푸스나 그 밖의 여러 헬라 저술가들이 그러하듯이, '의'는 획득할 수 있는 덕으로 등장하지 않는다"(Seifrid, "Paul's Use," 54). 세이프리드는 단어 연구에서 부적절하게 논리를 비약한다. 그는 첫 문장에서 명사 디카이오쉬네를 디카이오쉬네 떼우(*dikaiosynētheou*, "하나님의 의")라는 구체적인 어구의 축약어로 취급한다. 이 어구와 관련해서 그의 관찰은 참되다. 하지만 이것은 수식어 '떼우'(즉, "하나님의")가 없는 디카이오쉬네에는 적용되지 **않을** 것이다. 또한 바울이 디카이오쉬네와 같은 매우 평범한 단어를 "요세푸스나 그 밖의 여러 헬라 저술가들"의 글(여기에 우리는 바울 서신 이외에 신약의 사용을 첨가할 수 있다)에 있는 그 단어의 평범하고 윤리적인 의미, 즉 이 단어가 가지고 있는 **정상적인** 그리스

그런 다음에 우리는 적어도 이 단어군에 속하는 으뜸 동사인 디카이오오(*dikaioō*)를 숙고하게 된다. 어떤 사람이 법정 앞에 출두하게 된 이유와 관련해서 그가 의롭다고 선언할 때처럼, 이 동사는 일반적으로 법적인 상황에서 사용된다.[26] 이것은 의롭다고 하는 행위의 목표가 특히 "사죄 선언"이나 "변호"(*dikaiōsis*)인 경우에 해당한다. 하지만 의롭다고 하는 행위의 목표가 "의"(*dikaiosynē*)이기도 한 경우에, 그 의롭게 하는 행위는 명사나 형용사가 형태소 '-oō'와 결합해서 형성하는 사역 동사로서의 의미를 전달하며, 그래서 "어떤 사람이나 어떤 것을 표준에 맞춘다"라는 의미에서 "어떤 사람을 **의롭게 만들다**"(또는, "의로워지게 하다")라는 뜻을 지닌다. 이런 의미에서 "칭의"는 변경 또는 재조정(realignment)을 수반한다.[27]

어 용례에서의 의미와 적어도 중첩되지 않는 어떤 것을 의미하기 위해 사용할 것이라고 우리가 기대해야 한다는 점 역시 매우 미심쩍다. "하나님을 기쁘시게 하는, 그분의 뜻을 지키는 것"에 헌신하는 사람들의 특징으로서의 디카이오쉬네와 디카이오쉬네 떼우 간의 이런 구별을 잘 설명하는 슈렝크(Schrenk, "*Dikē*, etc.," 195-96)와 반대이다.

26 이것은 "심판을 행한다"는 의미에서 "정의/공의를 집행하다"를 의미할 수도 있다. 이 의미가 칠십인역과 신약 성경에서 거의 입증되지는 않았지만 말이다(Schrenk, "*Dikē*, etc.," 223; Seifrid, "Paul's Use," 45-50을 보라).

27 "바울이 하나님의 의롭게 하시는 행위를 그리스도의 부활의 능력과 밀접히 연관하여 이해하고 있는 까닭에, 신자들 안에서 올곧음을 촉진하는 하나님의 행위로서, 무죄 선언이라는 의롭게 하는 행위와 성령을 통한 새 생명의 선물이 때로는 분명히 구별되지 않는 경우가 있다"(Bauer, Danker, et al., *Greek-English Lexicon*, 249, 2.b.). "칭의"라는 단어의 이 의미는 타자기와 컴퓨터 워드 작업하는 현대의 영어 용례에 아직까지 남아 있다. 나는 고등학생과 대학생 시절에 선생님들이 과제물을 제출할 때 "좌측 정렬"(left justification)해서-좌측 여백의 단어들만 줄을 맞춰서-제출하기를 원하시는지,

칭의에는 하나님께서 그리스도를 따르는 사람을 의롭게 만드시고 그를 디카이오쉬네를 드러내는 사람으로 변화시키시는 과정이 포함된다.

칭의는 법적 또는 법정적 의미에서 최후의 심판 때 모든 사람 앞에서 그 사람이 하나님의 의로운 표준대로 살았다고 하나님께 인정받는 것이다.[28] 하지만 바울은 신자들 안에서 하나님의 능력으로 야기된 변화를 묘사하면서, 하나님께서 **우리**를 그리스도와 하나가 되게 하시고, 심지어 하나님의 의에 완전히 맞는 분이신 그리스도를 우리 안에서 살게 하심으로써 **우리**가 하나님의 의의 표준에 맞추게 하실 때, 이때 역사하는 "칭의"의 다른 행위를 바울은 정확히 언급한다. 이러한 변

아니면 "양쪽 정렬"(full justification)해서-좌우측 모두 단어의 줄을 맞춰서-제출하기를 원하시는지 구체적으로 말씀하신 것을 기억한다(컴퓨터를 사용한 첫 세대는 이런 식의 안내를 받았을 것이다). 칭의는 "어떤 표준에 맞추다", 그래서 그 특별한 표준과 관련하여 "바르게 설정하다"를 의미한다.

[28] 나는 여기서 라이트(Wright, *Justification*, 251)의 칭의에 대한 진술에 본질적으로 동의한다. "현재의 판결은 미래의 판결이 그것과 일치할 **것이라는 확신**을 준다. 성령님은 미래의 판결이 내려질 때 그 판결이 신자들이 그때까지 살아왔던 삶에 부합한다고 여겨지리라는 **것을 통해서 힘을 주신다**." 그리스도인이 예수님을 믿고 나서 그가 죽을 때까지의 삶이 바울에게는 중요한 문제라는 것이 확실하다(Bird, *Saving Righteousness*, 159; Wright, *Justification*, 191; Gathercole, "A Law unto Themselves," 48). 이것은 최후 심판이 궁극적으로 **행위**에 기초한다는 의미가 아니다. 설사 "하나님이 실제로 **최종적인** 칭의의 근거로 행위를 요구하신다고 해도", "성령님을 통하여, 신자 안에서 하나님이 요구하시는 행위를 생산케 하시는" 분은 하나님 자신이다(N. T. Wright, *Paul: In Fresh Perspective* [Minneapolis: Fortress, 2006], 148. 『톰 라이트의 바울』, 죠이선교회; 또한 Bird, *Saving Righteousness*, 176도 보라).

화로 인해, 무죄 선언 또는 인정(*dikaiōsis*)이라는 최종 판결은 하나님께서 그리스도 안에 있는 사람들에게 주신 성령님의 능력으로 그들이 살아온 삶의 진실을 반영한다.[29]

일반적으로 "성화"가 "칭의" **안에**(within) 있고 "칭의"에 본질적인 것(essential to)으로 언급되는 일종의 과정이 자리 잡은 것에 불편해하고, 어쩌면 불쾌감을 느끼기까지 하는 신학자도 있을 것이다. 하지만 "항상 개혁되어야 한다"(*semper reformanda*)라는 종교개혁 교회 정신에 맞게, 처음(initial) 칭의와 최종적인(final) 칭의 사이의 관계는 말할 것도 없고, 적어도 바울이 더 완전하게 결합해야 한다고 이해한 것을 과연 우리가 하나하나 분리해 버림으로써 신자들을 위해 하나님께서 의롭게 하시는 행위에 대해 바울이 이해한 중요한 요소를

---

[29] 찰스 탈버트(Charles Talbert, *Romans* [Macon, GA: Smyth & Helwys, 2002], 82)는 "행위에 의한 칭의"(justification by works)와 "행위에 근거한 칭의"(justification on the basis of works)의 차이를 매우 정확히 표현하는데, 이는 유용하다. "율법으로(부터)(*ek*) 의롭다 함을 얻을 사람이 없다는 바울의 주장과 이 본문[즉, 롬 2:1-11]에서 모든 사람이 그들의 행위로 말미암아(*kata; dia*) 심판을 받는다는 주장 사이에 보이는 명백한 모순은 사도가 두 진술에서 사용한 전치사를 주목한다면 해결할 수 있다. 한편, 바울이 '율법의 행위로 의롭다 함을 얻을 사람이 없다'(롬 3:20; 갈 2:16)라고 말했을 때, 그가 사용한 언어는 엑스 에르곤 노무(*ex ergon nomou*)였다. 전치사 에크(*ek*)는 증거가 되는 근거가 아니라 수단을 표현했다. 그래서 바울은 칭의의 수단이 율법의 행위가 아니라고 말했던 것이다. 다른 한편, 바울이 율법을 행하는 사람들이 의롭다 함을 받을 것이라거나 사람은 그의 행위로 말미암아 심판을 받을 것이라고 말했을 때(롬 2:7, 12, 13; 비교. 롬 2:10; 고전 4:3-5; 고후 5:10), 그는 최후 심판의 근거에 관해 말했다. 그 근거는 몸으로 행한 행위들이다."

우리가 망각한 것은 **아닌지** 생각해 볼 필요가 있다.[30]

  의로움을 얻고 의롭게 되기 위해 하나님께서 주신 수단을 충분히 활용하는 것은 바울의 지대한 관심사에 속한다. 이것은 갈라디아에 있는 개종자들에게도 큰 관심사였던 것이 분명하다. 바울의 선교지에 들어왔던 일부 유대 기독교 교사들의 강요로 인해 다만 몇 사람이라도 토라를 준수하는 생활양식을 받아들일지를 진지하게 생각한 것은 바로 그 때문이었고, 이 목표를 성취하는 것이 그들의 바람이었다. 갈라디아서 어디에서도 바울은 의를 얻으려는 그들의 목표에 대해서는 반대하지 않았다. 다만 그들이 그 목표를 성취하는 데 이용하려고 생각하고 있던 수단을 반대했을 뿐이다. 그 대신에 바울은 그 목표에 이르는 수단으로 성령의 선물을 활용하라고 그들에게 권한다. 바울이 "의를 얻는 것에 대해 염려하지 말라."라고 말한 적은 없고, 오히려 그들이 그 목표를 성취하는 데 필요한 것을 하나님께서 이미 그들에게 어떻게 공급하셨는지를 묘사하고 있다는 것은 의미심장하다.

---

30 Schrenk("*Dikē*, etc.," 209)도 보라. "하나님의 의롭게 하시는 행위는 … 언제나 목적 지향적이다. … 그래서 어렵거나 상충된다는 생각 없이, 죄 용서와 법정적 의(forensic righteousness) 사상은 죄를 이기는 살아 있는 힘으로서의 의 사상으로 넘어간다. 신자가 받은 의는 신자를 디카이오쉬네의 살아 있는 힘에 맡긴다." 칭의를 더 총체적으로 이해한 내용을 이와 비슷하게 설명한 Talbert, *Romans*, 179-80을 보라.

너희가 이같이 어리석으냐? 성령으로 시작하였다가 이제는 육체로 마치겠느냐? (갈 3:3)

내가 하나님의 은혜를 폐하지 아니하노니, 만일 의롭게 되는 것(*dikaiosynē*)이 율법으로 말미암으면 그리스도께서 헛되이 죽으셨느니라. (갈 2:21)

만일 능히 살게 하는 율법을 주셨더라면, 의(*dikaiosynē*)는 반드시 율법에 의거하여 얻게 되었을 것이니라. (갈 3:21)

특히 마지막 두 진술 배후에 깔려 있는 가정은 의를 얻는 것이 사실 바울과 갈라디아 개종자들이 바르게 추구하고 있던 **목표**라는 사실이다. 갈라디아서에서 쟁점이 되었던 요지는 한마디로 이 목표에 이르는 **수단**에 대한 관심이었다. 외형적인 일련의 표준과 관습으로서의 토라를 받아들일 것인가, 아니면 우리를 인도하고 형성하는 내적인 규범으로서의 성령을 따를 것인가. 갈라디아서 뒷부분에서 바울은 목표와 그 목표를 이루기 위한 수단으로서의 성령을 모두 언급한다. "우리가 성령으로 믿음을 따라 의(*dikaiosynē*)의 소망을 기다리노니, 그리스도 예수 안에서는 할례나 무할례나 효력이 없으되 사랑으로써 역사하는 믿음(*pistis*)뿐이니라"(갈 5:5-6).

"사랑으로 말미암아 역사하는 믿음", 바울이 유대인이나 이방인이라는 자신의 지위/신분보다 하나님께 중요하다고 말한 것이 바로 **이것**이다. **이것**이야말로 사람이 유대인으로 살지 않고 바울이 "율법의 행위"나 "토라의 행위"라고 칭한 것을 행하지 않고, 하나님의 표준에 일치하게 행하는 것이며,[31] 그래서 의를 얻는 하나님의 표준을 성취하는 것이다. 바울은 "선한 행위"를 거부하지 않는다. 그와 반대로, 바울은 개종자들에게 타인 중심적 사랑과 하나님 중심적 사랑을 보여 주는 행위, 즉 우리를 "육체의 일"과 반대되는 방향으로 움직이게 하는 행위를 통해 믿음을 실행에 옮기라고 권한다.[32]

문맥을 벗어나면, 바울의 표현 중에는 어떤 종류의 행함이

---

31 라이트는 갈라디아서 5:5-6의 "디카이오쉬네의 소망"을 "여전히 간절하게 기다리는 판결"이라고 축소한다(Wright, *Justification*, 144). 이러한 이해는 바울이 어떤 특별한 약속과 실행 세트(부수적으로, 최후의 심판 때 "의롭다"고 인정을 받게 될)에 나타난 도덕적 특성이라는 이 단어의 일반적이고 자연스러운 의미로 디카이오쉬네를 사용한 것을 또다시 인정하지 않은 것이다. 사실 이것이 갈라디아서 5:6에서 제시하는 의미다. 여기서 "사랑으로 역사하는 믿음"은 하나님께서 그분의 의의 표준에 맞추었다고 그분의 은혜로 인정해 주실 만한 태도와 행동을 연상시키고 있는 것이 분명하다. 행동으로 나타나는 사랑은 하나님의 법과 메시아의 법을 완성하는 것이기 때문이다(갈 5:13-14; 6:2).

32 이런 식으로, 실제로 드러난 변화는 그 개인이 가지고 있던 믿음의 특질을 보여 준다. 그리고 품성과 삶의 변화를 낳는 믿음이 우리를 구원한다. 이 점과 관련해서 버드(Bird, *Saving Righteousness*, 178)의 글을 보라. "성령님에 힘입어 그리스도 안에서 행해진 행위들은 신자가 가지고 있는 믿음의 통전성을 실증한다. … 기독론적으로 이해되고, 성령론적으로 힘을 얻고, 하나님에 의해 부여받은 행위는 구원에 필수적이다. 그 행위는 순종, 사랑, 신실함, 의, 거룩함의 형태로 표현되는 참된 믿음의 특성을 드러내기 때문이다."

든지 믿음과 상반된다는 **것처럼 보이는** 표현들이 있을 수 있다. 로마서 4:4-5이 이 점에 대한 좋은 예가 될 수 있다. "일하는 자에게는 그 삯이 은혜(선물)로 여겨지지 아니하고 당연히 받을 것으로 여겨지거니와 일을 아니할지라도 경건하지 아니한 자를 의롭다 하시는 이를 믿는 자에게는 그의 믿음을 의로 여기시나니"(롬 4:4-5, NRSV). 그러나 전후 문맥을 고려해서 이 본문을 읽어 보면, 그리스도께서 오시기 이전에는 유대인과 이방인 간의 민족적인 범주들이 하나님께 중요한 것이라는 가정 아래, 바울이 유대인들을 이방인으로부터 구별하는 그 "행위들"을 일관성 있게 염두에 두고 있다는 것이 분명해진다. 이 경우에, 본문 앞에 있는 단락(롬 3:27-30)에 따르면, 바울은 어떤 사람이 민족적인 이스라엘에 속한 구성원인지 알아볼 수 있게 하는 행위들에 주로 관심을 기울였다는 것이 분명해진다. "하나님이 유대인의 하나님만 되셨고", "이방인의 하나님은 아니셨다"는 것처럼 말이다.[33] 이와 비슷하게, 그 다음에 이어지는 문단은 여기서 말하는 "행위"를 순전히 할

---

33 라이트(Wright, *Justification*, 52-53)는 3:27-28과 3:29-30의 관계를 올바르게 강조한다. 두 본문은 그리스어에서 "또는"이라는 의미를 가진 접속사로 연결되었다. 그래서 3:29-30은 3:27-28에 대한 해석을 보여 준다. 바울의 경우, 로마서 3:28의 진리가 용납되지 않는다면, 하나님은 모든 백성의 하나님이라기보다는 유대인만의 하나님처럼 보일 것이다(3:29). 그러므로 문제의 "율법의 행위"는 개신교도들이 미워하고 싶은 "선행들"이 아니라, 믿음이 온 이후 더 이상 긍정적인 가치가 없어진 사회적 경계, 곧 유대인을 이방인과 구별하는 행위들이다.

례와 같은 민족적인 정체성의 표시와 동일시하고 있음을 재천명한다(4:11-13).

하나님의 의와 의로운 요구에 맞춰 사는 삶을 통해서 하나님의 율법을 성취하는 것은 여전히 바울에게 매우 중요한 문제다.

할례 받는 것도 아무것도 아니요 할례 받지 아니하는 것도 아무 것도 아니로되, 오직 [중요한 것은] 하나님의 계명을 따르는 것이다. (고전 7:19)[34]

형제자매들아, 너희가 자유를 위하여 부르심을 입었으나, 그러나 그 자유로 육체의 기회를 삼지 말고 오직 사랑으로 서로 종노릇하라. 온 토라는 "네 이웃 사랑하기를 네 자신같이 하라" 하신 한 말씀에서 이루어졌나니. (갈 5:13-14)

피차 사랑의 빚 외에는 아무에게든지 아무 빚도 지지 말라. 남을 사랑하는 자는 율법을 다 이루었느니라. "간음하지 말라, 살

---

34 클라인 스노드그래스(Klyne Snodgrass, "Justification by Grace," 72-93, 78)는 갈라디아서 5:6에 있는 비슷한 공식적인 진술과 함께, 바울이 실제로 문제 삼은 것과 복음이 신자들의 삶에서 이룬다고 이해한 바로 그것에 대한 요약으로 이 구절을 사용한다. "바울에게 있어서 새 피조물이 된다는 것은 사랑으로 작용하는 믿음의 삶을 의미하며, '의의 행위들'에 대한 논쟁의 상황 밖에서 이것은 하나님의 계명을 지키는 삶으로도 묘사될 수 있다."

인하지 말라, 도둑질하지 말라, 탐내지 말라" 한 것과 그 외에 다른 계명이 있을지라도, "네 이웃을 네 자신과 같이 사랑하라" 하신 이 말씀 가운데 다 요약되었느니라. 사랑은 이웃에게 악을 행하지 아니하나니, 그러므로 사랑은 율법의 완성(성취)이니라. (롬 13:8-10)

토라를 "행하는 것"은 더 이상 자신을 하나님의 의에 맞추고 그래서 최종적인 칭의에 도달하는 길이 아니다. 그럼에도 예수님께 속하고 성령님께서 자신을 인도해 주시는 것을 받아들이는 사람은 토라의 의로운 요구를 **성취한다**. 실제로 바울이 직접 쓴 편지들 중에서 후기에 속하는 편지로서 자신의 사역에 대해 좀 더 성숙한 관점으로 쓴 로마서의 세 부분에서, 바울은 자기 선교의 목적을 개종자들에게 "믿음에서 나오는 순종"(롬 1:6; 16:25-26)을 권면하는 것, 특히 진노로부터 구원하신 하나님에 관한 메시지에 대한 응답으로 "이방인들을 순종하게"(롬 15:18) 하려는 것으로 요약한다.

우리가 지금 이야기하는 의는 바울이 "우리 자신의 의"라고 비난하는 그 의가 아니다(롬 10:3; 빌 3:9을 보라). 정확히 말해서 그 의는 "하나님에게서 난 의"다. 그 의는 우리 안에서 역사하시고, 우리 안에서, 그리고 우리를 통하여 그리스도를 살게 하시는 하나님의 영의 산물이기 때문이다.[35] 하지만 하나님 보시기에 좋은 일을 우리가 생각하고 구하고 행하도록 안내하는 것은 마음과 의지와 행동 기록에 반영된 의이다. 그런 사람은 하나님의 영에 맞추어 움직이기 때문이다.

우리의 죄와 결점을 하나님께서 용서하셨다는 사실과 결부시켜, 사람을 하나님 앞에 "흠이 없이" 서게 할 것이 바로 이 적극적인 의이다. 이는 바울이 반복해서 기도한 내용이기도 하다(고전 1:8-9; 엡 1:4; 골 1:21-23; 살전 3:13; 5:23). 이러한 연결은 바울이 빌립보 성도를 위해 드린 기도에 가장 분명히 나타난다.

나는 여러분의 사랑이 지식과 모든 통찰력으로 더욱더 풍성하게 되어서, 가장 좋은 것이 무엇인가를 여러분이 분별할 줄 알게 되었으면 합니다. 그래서 여러분이 그리스도의 날을 맞이하기에 순결하고 흠이 없이 되며, 예수 그리스도께서 주시는 의의 열매가 가득하여(*peplērōmenoi*), 여러분이 하나님께 영광과 찬송을 돌리게 되기를 기도합니다. (빌 1:9-11, 표준새번역)

---

35 이것이 시야에서 사라지는 일은 드물다. 예를 들어, 가톨릭 학자인 케슬라우스 스피크는 제자들이 의롭게 되는 것에 대해서 "모든 것이 그리스도와의 관련성에 달려 있다."라고 주장한다(Ceslaus Spicq, "*dikaios*, etc.," 325n26).

지식을 갖게 되고 분별하게 된다면(그리고 암시적으로는, 분별한 것에 근거하여 실천함으로써), 그들은 의의 삶, 즉 "의의 열매(추수)"라고 부를 수 있는 의식과 행위를 연속적으로 실천하는 삶을 살게 될 것이다. 이것 역시 하나님의 사역이다. 그들의 삶의 토양에 이러한 씨앗을 뿌리신 이가 하나님이시기 때문이다. 그것은 그리스도를 받아들임, 죄 용서, 하나님과의 변화된 관계, 새롭고 영광스러운 운명에 초대받음이라는 씨앗의 열매다. 그것은 그 씨앗을 열매 맺게 하시는 성령님의 사역의 결과다. 이러한 열매를 맺는 것은 적어도 그리스도의 날에 "순전하고 흠이 없이" 서기 전에 있는 일이다. 열매 맺는 일은 여기서 그 동일한 일에 대한 **근거**로도 읽을 수 있다.[36] 이 본문 바로 앞에 있는 유명한 구절(빌 1:6)의 문맥에서 읽으면, 이 의의 열매는 하나님이 우리 안에서 시작하신 선행을 하나님이 완성에 이르게 하신다는 표시다. **이 일**을 위해 하나님은 처음부터 우리를 경작하셨다.

지금까지 연구해 온 바울 서신의 많은 본문에 의하면, 그리스도가 보이신 의를 하나님께서 우리 안에 **존재하게** 하시

---

36 여기서 쟁점은 부사적 분사 *peplērōmenoi*에 의해 표현된 행동의 관계를 어떻게 이해하느냐와 관련이 있다. 이 분사는 (완료된) 상태나 원인을 지정하는 것으로 이해할 수 있다. "흠이 없이 선다"는 것이 신자들이 하나님께서 주신 그들의 지식과 분별력을 행사하기 위한 목적임을 고려할 때, 내가 이해하기로는 후자가 더 가능성이 큰 것 같다.

고, 우리를 좀 더 예수님과 같은 모습으로 변화시키시며, 우리를 초대하여 공동체와 우리를 둘러싸고 있는 세계 안에서 효과적인 방법으로 그리스도의 의를 계속해서 실제로 표현하는 그릇이 되게 하신다는 관점으로 칭의를 바라보게 만든다. 이 과정은 그리스도의 순종의 행동으로 시작되고, 그 행위에 전적으로 의존한다. 그 궁극적인 결과는 우리 역시 하나님께 순종하게 되는 것이다. 바울은 이렇게 쓴다. "한 사람이 순종하지 아니함으로 많은 사람이 죄인 된 것같이, 한 사람이 순종하심으로 많은 사람이 의인이 되리라"(롬 5:19). 아담과 예수님은 인류를 위한 두 패러다임으로 등장하며, 바울은 이 두 사람을 완전히 나란히 제시한다. 모든 사람은 아담의 범죄의 결과에 참여한다. 아담의 역사적인 범죄 때문만이 아니라, 이 개념적 공통 조상으로 말미암아 출생한 모든 사람이 아담처럼 죄를 지었기 때문이기도 하다. "그러므로 한 사람으로 말미암아 죄가 세상에 들어오고 죄로 말미암아 사망이 들어왔듯이, 이와 같이 **모든 사람이 죄를 지었으므로**[since all sinned…] 사망이 모든 사람에게 이르렀느니라"(롬 5:12, 바울이 완성하지 않은 문장).

이제 그리스도의 순종의 행동으로 말미암아 그리스도의 영이 거하게 된 사람들이 순종할 수 있는 가능성이 새롭게 열렸다. 칭의는 마땅히 받아야 할 심판을 피하는 문제가 아니다. 심판의 날에 그리스도의 죄 없으심이 어떤 식으로든 우리에게 투영되기 때문이다. 칭의는 하나님이 우리의 변화를 위해 그분 자신을 온전히 쏟아부으시고, 그와 동일한 쏟아부음으로 하나님의 사역에 반응하라고 우리를 부르시는 과정이다. 지금도 우리는 이러한 과정의 성공적인 결과를 확신할 수 있다. "우리 안에서, 그리고 [우리] 가운데에서 행하시는 이는 하나님이시니 자기의 기쁘신 뜻을 위하여 우리에게 소원을 두고 행하게 하시"기 때문이다(빌 2:13).

이 부분에서 라이트는 나에게 칭의 개념에 너무 많은 것을 포함시키려고 한다고 지적했다. 그는 다음과 같은 사실에 대해 불평한다.

죄인들을 위하여 그의 아들을 보내서서 죽게 하시고 다시 살아나게 하심으로써, 복음 전파와 성령 사역과 사람들의 마음과 정신에 믿음을 불러일으키는 것과 그리스도인의 성품과 행동을 변화시키는 것과 궁극적인 구원을 확신하게 하는 것과 최후 심판을 안전하게 통과해 목적지에 이르게 하심으로써, 모든 것을 하나님의 사랑과 은혜로 덮으시는, **인류를 향한 하나님의 화목하게 하시는 행위에 대한 총체적인 그림**을 대신하는 아이디어가 완

전하게 만들어졌다.[37]

라이트는 칭의라는 용어를 "연속적인 생각 **내부에 있는 하나의 구체적인 측면 또는 순간**"으로 제한하고 싶어 한다.[38] 그는 "칭의" 용어를 잘못 적용하는 예를, 운전대가 자동차에 없어서는 안 되는 부품임을 올바로 이해한 후에 전체 자동차를 운전대라고 말하는 사람에 비유한다.

하지만 나는, 만일 우리가 바울의 관점에서 칭의를 이해하고자 한다면, 그것을 자동차의 **어떤** 부속품과 비교해서는 안 된다고 제안하고 싶다. 라이트는 칭의가 지금 그리스도 안에서 현재 일어나고 있는 어떤 일과 관련 있어야 하고, 심판 때 종말론적으로 일어날 어떤 일과도 관련 있다는 점에 동의할 것이다. 그렇다면, 칭의를 우리가 운전하고 있는, 또는 더 좋은 표현으로, 성령님이 운전하시는 차 뒤에 우리가 앉아서 향하고 있는 목적지라고 생각하는 것이 바울의 사상에 더 맞을 것이다. 만일 우리가 잡은 운전대를 놓지 않는다면, 또는 성령님이 운전하시는 차에서 뛰어내려 성령님이 우회도로를 타고 돌아와서 우리를 찾고 달래서 다시 자동차에 태우게 하는 수

---

37 Ibid., 86. 하지만 라이트가 이런 식으로 루터도 비판했을 것 같다는 것(Seifrid, "Paul's Use," 71을 보라)은 내게 상당한 위안이 된다.
38 Wright, *Justification*, 87.

고를 하지만 않는다면, 확실히 도달하게 될 바로 그 목적지 말이다. 칭의는 현재적 실체이기도 하다는 반대 의견을 예상하면서, 우리의 운전사이신 성령님께서 "칭의"라고 쓴 표지를 들고, 십자가에 못 박히신 그리스도의 형상이 그려진 플래카드를 달고 우리를 만나려고 도착하고 계시는 장면을 상상해 보자(참조. 갈 3:1-5). 믿음에 대해 이런 질문이 제기된다. 우리는 이 성령님과 함께 차에 탈 수 있을 정도로 예수님을 믿고 있는가? 그래서 그분이 제공하신 수단으로 최종 목적지에 도달하리라고 믿는가?

5. 한번 구원은 영원한 구원—그러나 언제 '구원받는가'?: '과정에 있는 행위'로서의 구원

"구원을 받다"라는 말은 현대 용례에서, 특히 복음주의 그리스도인들 사이에서 매우 구체적인 의미를 지니기도 한다. 이 어구는 일반적으로 예수님을 만나 그분을 주님으로 받아들이고, 그분과의 관계에 들어가고, 그분을 믿고, 그분과의 살아 있는 관계에 초대받는 실체를 일컫는 말이다. 바울도 이러한 실체들에 대해 말한다. 예를 들어, 바울은 에베소의 그리스도인들에게 쓴 편지에서 그리스도인들은 이미 "구원을 받은" 사람들이라고 말한다. "너희는 그 은혜에 의하여 믿음으로 말미암아 구원을 받았으니"(엡 2:8). 그는 디도에게 충고하면서 이렇게 쓴다. "우리 구주 하나님의 자비와 사람 사랑하심이 나타날 때에, 우리를 구원하시되 (우리가 행한 바 의로운 행위로 말미암지 아니하고 오직 그의 긍휼하심을 따라) 중생(새로운 시작)의 씻음과 성령의 새롭게 하심으로 하셨나니"(딛 3:4-5).[39] 하지만 그가 "구원" 언어 용례를 이러한 경험들에 한정하지 않았다는 사실을 주목하는 것이 중요하다. "구원"과 "구원을 받다"라는 용어는 우리가 관계되어 있는 보다 넓은 하나님의 드라마의 일부분이다.

그래서 바울이 어떤 의미에서는 우리가 **구원을 받았다**고 말하겠지만, 다른 의미에서는 구원은 여전히 우리 앞 **저곳에** 있으며, 우리는 그 구원을 향하여 여전히 매진하고, 하나님이 우리를 위해 예비하신 구원을 경험하는 과정에 있음을 암시하는 바울의 진술들도 많이 있다. 바울은 "십자가의 도"를 "어리석은 것"으로 여기는 "멸망하는 사람들"에게 반대하면서, 십자가가 "구원을 얻는 사람들에게는 하나님의 능력"이라고

---

39 목회서신(디모데전후서와 디도서)의 저작성은 에베소서와 골로새서의 저작성보다 더 많은 논쟁의 대상이다. 존슨이 디모데후서의 진정성을 지지하는 강력한 논거를 제시했지만(Luke Timothy Johnson, *The First and Second Letters to Timothy*, Yale Anchor Bible Commentaries [New Haven, CT: Yale University Press, 2001]), 누구나 디모데전서와 디도서를 "역사적인 바울"의 문서로 사용하는 것에 조심하라는 충고를 받는다. 여러 논쟁을 개관한 deSilva, *Introduction to the New Testament*, 733-48을 보라.

말한다(고전 1:18).⁴⁰ 바울은 사람들이 평생 동안 복음에 어떻게 반응하느냐에 따라 두 과정("구원을 받든지" 아니면 "멸망하든지") 중에서 하나에 속한다는 것을 깨닫는다. 하지만 하나님이 그리스도를 통하여 얻을 수 있게 마련하신 구원에 관한 메시지를 저버리는 사람들이 "발을 빼고 있는" 것처럼, 드러내 놓고, 그리고 감사함으로 반응한 사람들 역시 여전히 그 구원을 경험하는 과정에 있다. "멸망의 과정에 있는 사람들"이 아직 멸망하지 않았듯이, "구원을 받는 과정에 있는 사람들" 역시 그들의 영원한 항구에 아직 정박하지 않았다.

이러한 관점은 로마서 자체에서, 어쩌면 의외라고 할 정도로 더 분명히 드러난다. 바울이 생각하기에, 구원이나 구속은 여정의 끝에서 일어나는 일이다. 그 구원은 하나님이 이미 우리를 위해 행하신 것에 근거하며, 그 구원은 날마다 더 가까워지고 있다. 그러나 그 구원이 단순히 우리 **뒤에** 있지 않다는 것은 확실하다.

> 너희가 이 시기를 알거니와 자다가 깰 때가 벌써 되었으니, 이는 우리가 신자가 **되었을 때보다 지금 구원이 우리에게 더 가까웠음이라.** 밤이 깊고 낮이 가까웠으니, 그러므로 우리가 어둠의

---

40 "구원을 받는 사람들"과 "멸망하는 사람들", 이 두 그룹은 그리스어에서 현재 분사로 묘사된다. 분사의 현재시제는 개인들이 한창 어떤 과정이나 행동 중에 있음을 표현한다.

일을 벗고 빛의 갑옷을 입자. 낮에와 같이 단정히 행하고 방탕하거나 술 취하지 말며 음란하거나 호색하지 말며 다투거나 시기하지 말고, 오직 주 예수 그리스도로 옷 입고 정욕을 위하여 육신의 일을 도모하지 말라. (롬 13:11-14)

이 본문에는 두 개의 요지가 드러난다. 첫째, "구원"은 바울과 그의 청중 앞에 놓여 있는 어떤 것이라는 사실. 둘째, 신자들이 하나님의 연대표(즉, 점점 가까이 다가오고 있는 날이 적혀 있는 연대표) 안에서 자신의 위치를 알아야 하고 바로 그 지점에서 윤리적인 반응이 필요하다는 사실이 바로 그것이다. 만일 우리가 심판의 날, 또는 그리스도께서 다시 오시는 날에 있을 구속("구원")을 기대한다면, **그날**의 빛은 틀림없이 오늘과 내일과 우리의 평생에 우리의 모든 발걸음을 비춰 주어야만 한다.

나는 지금 신학적인 강력한 기류를 거슬러 헤엄치고 있기 때문에, 로마서에서 다른 본문을 제안하고자 한다. 바울은 하나님의 은총을 받을 자격이 전혀 없는 사람들(불순종과 반역으로 인해 하나님의 원수가 된 사람들)에게 하나님의 최상의 선물(하나님의 아들의 죽으심으로 말미암은 화목)을 주심으로 보여 주신 그분의 놀라운 너그러우심(하나님의 "은혜")을 찬송한다. 이 사실에 비춰 볼 때 이렇게 경탄할 수밖에 없다.

이제 우리가 그의 피로 말미암아 의롭다 하심을 받았으니, 더욱 그로 말미암아 진노하심에서 구원을 받을 것이니, 곧 우리가 원수 되었을 때에 그의 아들의 죽으심으로 말미암아 하나님과 화목하게 되었은즉, 화목하게 된 자로서는 더욱 그의 살아나심으로 말미암아 구원을 받을 것이니라. (롬 5:9-10)

바로 이곳, 적어도 로마서에서는 "의롭다 함을 받는 것"(약간 전형적인 영어 표현; 내가 좀 더 완전하게 번역한다면, "하나님의 의로운 표준에 다시 맞추게 됨")이 "구원을 받는" 것과 동일한 것이 아니라는 사실을 주목하는 것이 중요하다. 이와 비슷하게, 하나님과 화목하다는 것 역시 "구원을 받는" 것과 동일하지 않다. 더욱이 "구원을 받는" 것은 바울이 미래에 있을 것으로 기대한 경험이 분명하다. 바울은 하나님과 화목하고 하나님의 의에 다시 맞추게 되었다("의롭다 함을 받았다")는 현재 경험을 미래에 경험할 일을 보증해 주는 것으로 이해했지만, 그럼에도 그것은 지금 그가 이미 소유하고 경험하는 것(즉, "내 주머니에 있는 어떤 것")이라기보다는 여전히 미래에 머물러 있다.

이러한 까닭에 바울은 빌립보 성도들에게 "항상 복종하여 두렵고 떨림으로 너희 구원을 이루라. 너희 안에서/가운데서 행하시는 이는 하나님이시니, 자기의 기쁘신 뜻을 위하여 너희에게 소원을 두고 행하게 하"신다고 권할 수 있었다(빌 2:12-13). 그리고 그는 최고로 겸손하게 자신은 아직 "이르지" 못했다고 말할 수 있었다.

> 내가 바라는 것은 그리스도를 알고, 그분의 부활의 능력을 깨닫고, 그분의 고난에 동참하여 그분의 죽으심을 본받는 것입니다. 그리하여 나는 어떻게 해서든지, 죽은 사람들 가운데서 살아나는 부활에 이르고 싶습니다. **내가 이것을 이미 얻은 것도 아니요, 또 이미 목표점에 이른 것도 아닙니다. 그리스도 예수께서 나를 사로잡으셨으므로, 나는 그것을 붙들려고 좇아가고 있습니다.** 형제자매 여러분, 나는 아직 그것을 붙들었다고 생각하지 않습니다. 내가 하는 일은 단 한 가지입니다. 곧 뒤에 있는 것을 잊어버리고, 앞에 있는 것만을 바라보고, 그리스도 예수 안에서, 하나님께서 위로부터 부르신 그 부르심의 상을 받으려고, **목표를 향하여 달려가고 있습니다.** 그러므로 누구든지 성숙한 사람은 이와 같이 생각하십시오. 여러분이 무엇인가를 달리 생각하면, 하나님께서는 그것도 여러분에게 드러내실 것입니다. (빌 3:10-15, 표준새번역)

하나님의 사역이 우리 안에서 구원의 완전한 결과를 이루게 하는 것, 우리 포부의 초점을 우리가 점점 예수님처럼 되는 데에 맞추는 것, 특히 예수님께서 죽기까지 자신을 내주신 순종으로 보여 주신 하나님과 사람들에 대한 마음과 헌신, (만일 우리가 바울의 말에 귀를 기울인다면,) 이 모든 것은 하나님께서 우리에게 제공하실 구원의 완성을 고대할 때 우리를 몰아가는 열정과 우리의 과제가 된다.[41]

그리스도인들이 자신은 "구원을 받았다"고 말하거나 다른 사람들에게 "구원을 받았는지" 묻고 그들에게 어떻게 "구원을 받을 수 있는지"(인정하건대, 슬프게도 점점 어떻게 복음을 전해야 할지 전혀 알지 못하는 많은 교회에서는 이런 질문마저 줄어드는 것도 문제이긴 하지만) 말해 줄 때, 그들은 이러한 삶에 대한 왜곡된 견해를 가지고 있다. 그리스도인들은 영원한 의의를 갖는 결정과 행동들이 마치 이미 과거에 다 이루어진 것처럼, 그리고 현재의 순간은 더 이상 영원과 관련해서 문제될 것이 없는 것처럼 말하고 행동한다. 17세기 시인이며 영국 국교회 성직자였던 존 돈(John Donne)은 바울의 복음에 훨씬 근접한 말을 했다. "앞으로 올 수천 년의 시간은 이생의 매 분, 매 초에 달려 있다. 그리고 이 시간에 내게 주신 하나님의 은

---

[41] 바울이 믿음에 근거하여 의롭다 함을 받는다는 확신과 이 모험에서 자신이 헌신하고 노력한 것에 대한 확신을 통합할 수 있었던 것은, 그가 말하듯이, "매 순간 내 안에서 역사하시는 분은 그리스도이시며, 내 안에 있는 것은 하나님의 은혜이며, 선한 것을 소원하게 하고 그것을 행할 힘을 내게 주시는 분이 하나님이시고, 그 열매로 기뻐하시는 분이 하나님이시기 때문이다"(Wright, *Justification*, 153). "'믿음으로 말미암는 칭의'에 의심의 그림자"를 드리우게 되는 것 같다는 이유로 우리가 이것에 동의하지 않는다면, 그것은 우리의 전통에 문제가 있는 것이지, 바울에게 문제가 있는 것이 아니다.

혜를 선하게 사용할지 아니면 악하게 사용할지에 따라, 나는 영원히 영광을 받거나 영원히 버림을 받게 될 것이다."[42] 이러한 생각은 어느 정도 불안을 불러일으킬 수 있다. 하지만 일단 우리가 이것을 통과하면(우리는 믿음으로 전진하기 때문이다), 그것은 우리가 자신을 내던지는 매 순간에, 모든 만남에, 모든 선택에, 모든 추구하는 것에 심오한 의미를 부여하기도 한다. 이것들은 참으로 영원과 관련된 문제들이기 때문이다. (우리가 믿음의 여정을 시작한 것을 어떻게 개념화하든지 간에) 우리가 신앙 고백을 하거나 우리의 마음이 이상하게 뜨거워지거나 "중생하는" 경험을 한 그 순간과 우리 생애의 끝 사이에서 우리가 행하는 것은 하나님이 보시기에 중요하다. 오늘, 내일, 그리고 그다음 날 우리가 행하는 것은 영원한 의의를 지닌다.

6. 큰 선물은 큰 책임이다

아직 설명하지 않은 매우 중요한 개념 하나가 있다. 그것은 바울은 복음을 전하라는 사명을 받았는데, 그 "복음"에 대한 그의 이해에서 가장 근본적이라고 할 수 있는 개념, 즉 은혜

---

42 John Donne, *The Sermons of John Donne*, ed. E. M. Simpson and G. R. Potter (Berkeley: University of California Press, 1953-1962), 3:514.

개념이다. **솔라 그라티아**(*Sola gratia*, "오직 은혜")는 종교개혁 신학의 중요한 주제이다. 하지만 우리는 종종 은혜를 전적으로 신학적인 용어(*theologoumenon*, 주로 기독교 신학에서 그 의미를 취한 전문용어)로 이해하고, 바울이 하나님의 은혜에 관한 가르침을 형성할 당시, "은혜"라는 것이 후원과 우정과 기부라는 사회적인 관습에 의해, 그리고 이러한 관습에 영향을 준 윤리로서의 상호성이라는 사회적 가치에 의해 매우 친숙하고 알려진 용어였다는 사실이 갖는 함축된 내용을 고려하지 않는다. 이 점에 대해서는 본서 뒷부분에서 다시 탐구할 것이다.

이러한 상황을 알고 나면, 하나님은 바울의 청중이 그분의 선물을 그냥 "받기만" 하는 것이 아니라 그 선물의 가치에 적합한 평가를 보여 주는 방식으로 그 선물을 사용하고 그 선물에 반응하기를 기대하셨다고 그들은 이해했을 것이다. 바울은 그의 복음을 대중적인 몇 마디로 축소하지 않은, 내가 믿기에는 절대적으로 핵심적인 한 문장을 썼다. "그가[그리스도가] 모든 사람을 대신하여 죽으심은 살아 있는 자들로 하여금 다시는 그들 자신을 위하여 살지 않고 오직 그들을 대신하여 죽었다가 다시 살아나신 이를 위하여 살게 하려 함이라"(고후 5:15). 이것은 목적을 담고 있는 진술이다. 바울은 이 진술을 적어도 "그리스도가 왜 우리를 위해 죽으셨는가?"라는 질문에 대한 하나의 대답으로 표현했다. 이 대답이 제자에게 요구하는 범위는 참으로 충격적이다. 그리스도는 우리가 더 이상 우리 자신을 위해 살지 않고 그분을 위해 살게 하시려고 우리를 위해 죽으셨다.[43] 사실 갈라디아서에서 바울은 이와 비슷한 내용을 분명히 표현했는데, 여기에서 바울은 그리스도의 자기희생적인 사랑을 대면하고 그분과의 관계를 신뢰한 결과에 관한 진술에서 이 신념을 자신에게 적용한다.

내가 토라로 말미암아 토라에 대하여 죽었나니, 이는 하나님에 대하여 살려 함이라. 내가 그리스도와 함께 십자가에 못 박혔나니, 그런즉 이제는 내가 사는 것이 아니요 오직 내 안에 그리스도께서 사시는 것이라. 이제 내가 육체 가운데 사는 것은 나를 사랑하사 나를 위하여 자기 자신을 버리신 하나님의 아들을 믿

---

[43] 바울이 고린도후서 2:14-6:13에서 자신의 사도직을 광범위하게 변호하는 맥락에서 라이트는 5:14-21을 읽는다. 그의 읽기는 확실히 정확하다. 하지만 라이트는 이로 인해 이 구절의 의미의 한계에 대해 약간 부정확한 결론을 내린다. 즉, 고린도후서 5:15b는 예수님을 위해 사는 바울의 삶에 대해 말하고 있으며, 사실 **모든 사람**이 지금 그들을 대신하여 죽으시고 다시 살아나신 분을 위해 살아야 한다는 일반적인 진술은 아니라고 단정하는 것이다(Wright, *Justification*, 161). 그러나 고린도후서 5:14b-15은 바울과 그의 동료들이 그리스도 안에서 행하신 하나님의 행위에 그들이 보여 드려야 할 필요하고 적합한 반응이라고 인식한 것으로서 이는 그들뿐 아니라 실제로 그리스도께서 위해서 죽으신 "모든" 사람들이 보여야 할 반응을 바울이 진술한 것으로 읽어야 한다. 이와 같은 본문 읽기는 바울이 그의 사도직을 변호하는 문맥도 존중한다. 사실 이 본문은 바울의 선교에 추진력을 제공하는 중요한 통찰로도 이해해야 한다. 즉 "모든" 사람에게 그들의 삶을 그리스도에게 드림으로써 마땅히 그분에게 복종하라고 요청하는 것 말이다. 바울은 자신이 그러했듯이(갈 2:19-20을 보라), 그의 개종자들도 그렇게 하기를 소망한다(갈 4:19을 보라).

는 믿음 안에서 사는 것이라. (갈 2:19-20)

바울은 사랑으로 인해 그를 위해 "자신을 주신" 하나님의 아들을 언급한다. 바울은 그 동일한 하나님의 아들이 그[바울] 안에서, 그리고 그를 통해 사시게 하려고 그의 남은 생애를 드린다고 지금 말한다. 받은 생명을 다시 돌려 드리는 것만이 우리에게 주신 그분의 선물, 즉 우리를 대신한 그분의 죽음을 우리가 가치 있게 여긴다는 사실을, 그 선물을 주신 분에게 보여 준다.

이와 같은 반응은 오늘날 우리 문화에서는 극단적으로 보일 수도 있다. 하지만 예수님이 오시기 직전과 직후 수 세기 동안 그리스-로마 세계에 살고 있었던 사람들은 우리보다도 은혜와 응답의 관련성에 대해 훨씬 확고한 개념을 가지고 있었다.[44] 호의와 선물의 교환, 그리고 이와 같은 교환을 포함하는 관계 형성은 그리스-로마 사회라는 직조물의 주요 무늬였다(Seneca, *On Benefits*, 1.4.2). 우리는 이런 사회적 상황에서 멀리 벗어나 있기에, "값없는 선물"(그리스어 *charisma*의 일반적인 번역)이라는 말을 들으면, 그 말이 이러한 호의를 받는 자

---

44 이 문화적 배경과 신약 해석에 있어서 이것의 적실성에 대한 더 온전한 소개는, David A. deSilva, *Honor, Patronage, Kinship & Purity: Unlocking New Testament Culture* (Downers Grove, IL: InterVarsity Press, 2000), 95-156에서 찾을 수 있다.

편에는 의무가 전혀 없음을 의미한다고 생각하는 경향이 있다. 비용이 전혀 들지 않는다면, 뭐가 되었든지 그것은 "공짜"다. 하지만 바울에게 "값없는 선물"은, 그가 "누가 주께 먼저 드려서 갚으심을 받겠느냐"(롬 11:35)라고 수사학적인 질문으로 제시했듯이, 우리 자신의 행위로써 하나님이 그 선물을 주시도록 강요할 수는 없다는 사실을 언급한다. **주는 것**은 공짜이고 강요된 것은 아니지만, **받는 것**은 의무 관계를 창출한다. 바울의 문맥에서 볼 때, 선물과 호의(어쨌든지 그런 것이 되기 위해서는)는 그것을 베푸는 자의 너그러움과 동기에 근거하여 "공짜로" **주어진다**. 하지만 우리에게 대단히 중요한 요지는 이것이다. 즉, 선물이나 호의를 받는 것은 그것을 '받는 사람'이 '주는 자'에게 어떤 의무가 있음을 의미했다. 받은 선물 또는 주어진 호의에 적절히 답례하는 "상호성"은 그들의 사회적, 윤리적 의식에 확고히 굳어져 있었다.

이것은 우리가 은혜를 어떻게 생각할 것인지에 깊은 영향을 미친다. 바울이 사용한 '은혜'(그리스어로 *charis*)라는 용어는 주로 사회적 상호 관계의 상황에서 익숙했던 것이기 때문이다. 그리스어 단어 카리스(*charis*)는 문맥에 따라 세 가지 의미를 전할 수 있다는 것이 특히 의미심장하다. 카리스는 호의를 보이는 성향(그래서 "은혜")을 뜻할 수 있으며, 주어진 선물 또는 행해진 호의를 의미하기 위해 사용될 수 있고, 호의를 받은 사람들이 표현하는 감사의 반응을 의미할 수 있다. 이 의미의 삼위일체는 그리스-로마 문화의 많은 도덕주의자들이 다음과 같이 분명하게 진술한 것을 암시적으로 제시한다. 즉, 은혜는 반드시 은혜로 답해야 하며, 호의는 언제나 호의를 낳아야 하고(참조. Sophocles, *Ajax*, 522), 선물은 항상 감사로 답해야 한다. 고대 사회에서, 혜택을 받은 사람은 그와 동시에 감사를 표현해야 할 의무를 받아들인 것이다. 세네카의 말(Seneca, *Ben*., 2.25.3)을 빌려 표현하자면, "은혜에 감사하려는 사람은, 받는 즉시 되갚을 생각을 해야 한다."[45]

이 점은 고대 예술의 공통된 주제와 그 주제에 대한 한 로마인 철학자의 해석에 잘 예시되었다. 나는 여기서 세 명의 여신이 서로 손을 잡고 원을 그리며 춤을 추는 "삼미신"(三美神, The Three "Graces") 형상을 말하고 있다. 세네카는 이 형상을 이렇게 해석한다. 세 개의 은혜(*charis*)가 있다. "한 여신은 은혜를 베풀고, 또 한 여신은 그 은혜를 받고, 세 번째 여신은 그 은혜에 답례한다." 이 셋이 손을 잡고 춤을 추는 것은 "은혜가 손에서 손으로 이어지는 과정에서 그 은혜를 주었던 자에게 다시 돌아가기 때문이며, 어디서든지 그 과정이 깨지면 전체

---

[45] Seneca, *Moral Essays, Volume III* (trans. John W. Basore; LCL; Cambridge: Harvard University Press, 1928)의 번역을 사용함.

의 아름다움이 깨지고, 그것이 지속되고 방해받지 않고 이어진다면 최고의 아름다움이다"(Seneca, Ben., 1.3.2-5).

독자적인 "은혜" 행위 같은 것이 있어서는 안 된다. 호의를 베푸는 행위는 그 호의를 받은 자가 반드시 "그 호의를 되갚아야 하는", 즉 주는 자에게 다시 주는(너그러운 성품이라는 면에서, 그리고 물질이든지 아니면 그 무엇이 되었든지 간에 어떤 선물이라는 면에서) 원형의 춤을 개시한다. 보답이 있는 선물이라야만 제대로, 고귀하게 받은 선물이다. 은혜의 관계의 측면들을 세 여신으로 그린 것은 관계의 신성함을 전달하기도 한다. 감사를 표현하는 것은 신성한 의무로 간주되었다. 반면에 은혜/감사를 모르는 것은 신성 모독과 비슷한 것으로 평가를 받았다(Dio, Rhod., 37). 세네카가 요약했듯이, "감사에 보답하지 않는 것은 수치이며, 온 세상이 그렇게 생각한다."(Seneca, Ben., 3.1.1).

이 근본적인 문화적 배경은 신약 성경 전체에 있는 은혜와 제자도, 신학과 윤리의 관련성을 이해하는 데 큰 도움이 된다. 하나님의 은혜는 관계를 창출하고 그에 비례하는 반응을 요구하는, 이 과정을 개시하는 행위이다. 우리는 하나님께 되갚거나 그분의 은혜에 맞먹는 행위를 할 수 없지만, 그럼에도 불구하고 하나님의 너그러우심에 자극을 받고 하나님께 충분히 되갚아 드릴 수 없는 사람들인 것처럼, "하나님께서 제게 주신 것만큼 저도 하나님께 돌려 드렸습니다. 그러니 이제 다시 나 자신을 위해서 살아가겠습니다."라고 말할 수 있는 지점에 결코 닿을 수 없는 사람들인 것처럼 살아간다.

"구원을 받기 위해 내가 해야 할 일은 무엇일까?"라고 질문한다면, 이는 바른 질문이 아니다. 우리는 이렇게 물어야 한다. "예수님이 **나를 위해** 그분의 생명을 주셨고, 하나님과 함께 새롭게 시작할 수 있게 하셨고, 성령을 주셔서 내 안에 거하게 하셨는데, 나는 답례로 **그분을 위해** 무엇을 하는 것이 옳을까?" 또는 "예수님을 위해 사는 것과 내 자신의 관심사나 욕심을 채우기 위해 사는 것을 구별하기 위해, 그 사이 어디에 선을 긋는 것이 합당할까? 너그러움과 긍휼하심으로 예수님은 그러한 선을 긋지 않으셨는데 말이다." 우리는 미니멀리스트(minimalist) 문제에서 맥시멀리스트(maximalist) 문제로 이동하는데, 이것이 공평한 것 같다. 만일 하나님께서 필요한 것만 최소한으로 주시기보다, 나갈 길(way out)과 돌아올 길(way back)을 우리에게 주시려고 하나님의 **모든 것**을 주셨다고 정말 믿는다면 말이다. 내가 보기에, 구원의 문제를 이렇게 접근하는 방식은 본서의 이 단락을 시작하면서 우리가 다룬 고린도후서 5:15과 갈라디아서 2:19-20에서 발견되는 용어들을 쓴 바울에게도 실제로 떠올랐을 문제인 것 같다.

하나님의 은혜를 받고 나서 그 **필연적인** 결과로서 하나님의 은혜에 응답해야 한다는 사상에 멈칫거릴 수도 있는 사람들에게, 나는 바울의 개종자들이 은혜롭지 않게 행동하고 있을 때, 바울이 그들에게 하나님께 대한 의무를 말하기를 꺼려하지 않았다는 것을, 그것도 다소 투박한 어투로 말했다는 사실을 지적하고 싶다. "너희는 값으로 산 것이 되었으니, 그런즉 너희 몸으로 하나님께 영광을 돌리라"(고전 6:20). 구속은 너그러운 긍휼의 행동 즉 은혜의 행동이지만, 몸값을 지불받았다면 몸값을 지불해 준 사람에 대한 의무가 발생한다. 만일 우리의 자유와 우리 구속의 비용을 지불하신 분께 우리가 감사하는 마음을 갖는다면 말이다. 우리를 대신하여 자신을 죽음에 넘겨주신 예수님으로 말미암아 우리가 죄로부터의 자유와 우리 안에서 변화를 일으키실 수 있는 성령의 은사를 받았다면, 윤리적인 측면에서 볼 때, 우리로서는 어떤 면에서든지 이 자유와 이 선물을 무시해서는 **안** 된다. 이처럼 큰 대가를 치른 것은 **틀림없이** 귀한 것이며 적절히 사용해야 한다.

예수님의 죽음이 당신에게 어떤 가치가 있는가? 당신에게 예수님의 죽음은, 당신의 남은 생애를 그분을 위해 그분의 방식대로 살고, 당신 자신을 위해 당신의 방식대로 살지 않을 만큼 가치가 있는가? 바울이 간단명료하게 표현했듯이, "그가 모든 사람을 대신하여 죽으심은 살아 있는 자들로 하여금 다시는 그들 자신을 위하여 살지 않고 오직 그들을 대신하여 죽었다가 다시 살아나신 이를 위하여 살게 하려 함이라"(고후 5:15). "구원하는 믿음"이 이와 같이 삶을 바꾸고 이런 삶을 지향하는 믿음이라면, 그리스도께서 우리를 대신하여 행하신 일의 가치를 바르게(여기서 "바르게"의 의미는 "우리는 예수님이 우리에게 주신 것만큼 그분께 되갚고 있는가?"라는 간단한 질문으로 표현할 수 있다) 평가할 때만 나올 수 있는 믿음이라면, 어떻겠는가? 아이작 왓츠(Isaac Watts)가 유명한 찬송가 "주 달려 죽은 십자가"(When I Survey the Wondrous Cross[놀라운 십자가를 생각할 때])의 마지막 두 행에서 표현한 것처럼 말이다.

놀라운 사랑 받은 나
몸으로 제물 삼겠네

(Love so amazing, so divine,
Demands my soul, my life, my all.
정말 놀라운 사랑, 하나님의 사랑
나의 영혼, 나의 생명, 내 모든 것을 요구하시네)

나는 바울이 그리스도인들에게 고린도후서 5:15과 같은 본문들을 배제하고 "칭의"에 대해 생각하라고 하지는 않았을 것이라고 믿는다. 바울이 볼 때, 우리를 위해 자기 생명을 주신 분에게 우리 자신을 드리는 것은 근본적으로 **딱 맞는** 반응이기 때문이다. 실제로 우리가 우리의 생명을 그리스도에게 드려 그분이 우리를 통해서 사시게 하고, 우리 자신이 주도하는 과제와 스스로 정한 목표와 상황에 대한 반응에서 돌아서서, 성령님이 주도하고 성령님이 방향을 정하시는 과제와 행위에 우리 자신을 넘겨 드릴 때, 우리는 비로소 하나님이 보시기에 의로운 것을 바라고 행하는 사람이 **된다**. 우리는 어쩌면 그리스도 안에서 행하신 하나님의 너그러우신 행위, 즉 예수님이 우리를 위해 자신을 주신 일 때문에 우리 안에서 감사의 반응이 일어나는 경륜을 생각하기 시작할 수도 있다. (우리 힘으로 하는 어떤 것이 아니라 하나님의 너그러우심, 즉 하나님의 은혜에 대한 반응인) 이러한 감사로 말미암아 정신적으로 고양되고 떠밀려, 우리는 완전히 새로운 삶으로 들어간다. 이 새로운 삶은 우리가 예수님을 위해서 살 뿐만 아니라, 그분께 방해가 되지 않도록 길을 비켜 드림으로써, 정신이 신체의 각 부분을 움직이듯이 예수님이 우리를 움직이시고 우리를 통해 사실 수 있게 하는 것이기도 하다. 그러므로 하나님의 은혜로 말미암아 우리는 하나님의 의로운 표준과 바람에 맞춰진다. 우리는 하나님께서 인정하시고 무죄 선언하실 수 있는 의로움에 맞춰 변화된다. 이 모든 것은 하나님이 시작하신 일이다. 나는 이것이 바로 '좋은 소식', 복음이라고 생각한다.

제2장
복음은 개인의 변화를 의미한다
: 우리는 그리스도 안에서
얼마든지 새사람이 될 수 있다

설교할 때 특정 주제나 제목에 주의를 기울이는 것을 보고 그 목회자의 우선순위를 판단할 수 있다면, 바울이 "칭의"에 관해 상당히 적은 지면을 할애했다는 것은 중요할 수 있다. 실제로 신자들이 예수님을 믿은 이후 심판의 때에 그분 앞에 설 때까지 그들의 삶에서 하나님이 이루시고자 하는 변화라고 바울이 믿는 내용보다, 하나님이 우리의 죄를 용서하시고 용납하시는 것 또는 최후의 심판 때 받을 무죄 선언의 용어로 표현한 "칭의" 분량이 더 적다. 이 장에서 우리는 예수님을 믿은 사람을 하나님의 의와 일치하지 않는 상태로부터 그 하나님의 의와 일치된 상태로 변화시키기 위해 하나님이 어떻게 역사하시는지에 대한 바울의 비전을 면밀히 살펴보려 한다. 또한 우리는 바울이 이러한 변화를 어떻게 선물(우리의 칭의가 "은혜"로 말미암는다는, 은혜의 행위라는 의미에서, 롬 3:24)일 뿐만 아니라 하나님의 일(신자가 소망하는 의가 "자신의 의"에서 나온 것이 아니라 "믿음에 근거하여 하나님에게서 나온 의"라는 의미에서, 빌 3:9)로도 여기는지를 검토할 것이다. 매 순간, 변화에 대한 바울의 비전은 듣는 자를 "복음"으로 맞이한다.

1. 우리는 하나님과 새롭게 시작하도록 자유로워졌다

우리의 변화를 위한 출발점은 하나님께서 행하신 놀랍도록 너그러운 행위다. 하나님의 정의처럼 하나님의 너그러움 역시 하나님 존재의 중심이 되는 인애에서 나온다.

우리가 아직 연약할 때에 기약대로 그리스도께서 경건하지 않은 자를 위하여 죽으셨도다. 의인을 위하여 죽는 자가 쉽지 않고, 선인을 위하여 용감히 죽는 자가 혹 있거니와, 우리가 아직 죄인 되었을 때에 그리스도께서 우리를 위하여 죽으심으로 하나님께서 우리에 대한 자기의 사랑을 확증하셨느니라. (롬 5:6-8)

1장을 마무리하는 단락에서 살펴보았듯이, "은혜"와 상호성에 근거한 관계들은 그리스-로마 세계의 사회적 기본 구조에 근본적인 것이었다. 하나님의 은혜가 "놀라운" 이유는, 그것이 우리에게 거저 주어진 것이거나 우리가 일도 하지 않았는데 받은 것이라서가 아니다. 하나님의 은혜는 "은혜"에 속한 어떤 행위에나 내재해 있는데, 이는 정당한 대가를 치르는 것이 아니라 은혜의 행위가 되어야 하기 때문이다. 하나님께 극단적인 무례함과 적의를 보인 사람들에게 하나님이 극단적인 너그러움을 보이시는 까닭에 하나님의 은혜는 놀라운 은혜다.

바울이 로마서 1:18-21, 24-25, 28에서 말했듯이, 우리 존재의 실상으로 인해, 우리는 우리로 하여금 하나님을 위해 살게 하시고 창조자를 기쁘시게 하는 길로 행하게 하신 것에 감사할 수밖에 없다. 우리 자신을 위해 살고 하나님 보시기에 추한 것을 행함으로써 우리는 이미 배은망덕을 저질렀는데, 그럼에도 하나님은 그의 아들 예수 그리스도의 존재 안에서 우리에게 보답을 기대하지 않으시고 더 많은 것을 주신다. 하나님은 우리의 죄를 용서해 주시고, 새롭게 시작하게 하시고, 하나님께 합당한 반응을 우리가 보이고 하나님이 우리를 창조하셨을 때 의도하신 모습으로 우리가 변화될 수 있도록 새로운 기회를 주시는 등 선물을 확장하신다.

그 아들[그리스도] 안에서 우리가 속량 곧 죄 사함을 얻었도다.
… 범죄와 육체의 무할례로 죽었던 너희를 하나님이 그와 함께
살리시고, 우리의 모든 죄를 사하시고, 우리를 거스르고 불리하
게 하는 법조문으로 쓴 증서를 지우시고 제하여 버리사, 십자가
에 못 박으시고. (골 1:14; 2:13-14)

전에 악한 행실로 멀리 떠나 마음으로 원수가 되었던 너희를,
이제는 그의 육체의 죽음으로 말미암아 화목하게 하사, 너희를
거룩하고 흠 없고 책망할 것이 없는 자로 그 앞에 세우고자 하
셨으니, 만일 너희가 믿음에 거하고 터 위에 굳게 서서 너희 들
은 바 복음의 소망에서 흔들리지 아니하면 그리하리라.… (골
1:21-23)

예수님이 왜 죽으셔야 했는지를 설명하는 많은 이론들이
있다. 그중에서 가장 널리 옹호되는 이론은 우리가 마땅히 받
아야 할 벌을 받으시기 위해서, 또는 의로움으로 인해 분노하
시는 하나님을 만족시키기 위해서 예수님이 죽으셨다는 이론
일 것이다.[1] 하지만 우리가 놀라운 십자가를 생각할 때, 하나

---

1 이것은 전형적으로 속죄에 대한 "형벌적 대속론" 이해로 언급된다. 속죄의 세 주요 모델
을 쉽게 설명하고 있는 입문서는 James Beilby and Paul R. Eddy, eds., *The Nature of
the Atonement: Four Views* (Downers Grove, IL: InterVarsity Press, 2006)다. (네
번째 관점은, 어떤 관점도 예수님의 죽으심의 의미를 정확하게 포착하지 못했다는 것이
다.)

님의 진노로 인한 희생자를 볼 필요는 없다. 하나님 사랑의 표현, 사람들을 이 새로운 시작 속으로 끌어들이려는 하나님의 소원, 하나님과의 이 새로운 시작으로 보는 것이 가능하고, 어쩌면 그러는 편이 더 합당할 것이다.

"속죄"에 관한 핵심적인 구절 하나가 다시 로마서에서 발견되는데, 이것은 놀라운 일이 아니다. "모든 사람이 죄를 범하였으매 하나님의 영광에 이르지 못하더니, 그리스도 예수 안에 있는 속량으로 말미암아 하나님의 은혜로 값없이 의롭다 하심을 얻은 자 되었느니라. 이 예수를 하나님이 그의 피로써 믿음으로 말미암는 **화목제물**(속죄의 제물, a sacrifice of atonement)로 세우셨으니"(롬 3:23-25). "속죄의 제물"은 그리스어에 대한 가능성 있는 번역이기는 하지만 유일한 번역은 아니다. 바울과 지중해에 살고 있던 대다수 유대인들은 구약 성경을 히브리어로만 읽은 것이 아니라 그리스어 번역(칠십인역)으로도 읽었다. 사실 이 지역에 살던 대다수 유대인들은 성경을 그리스어 번역으로**만** 읽었다. 고국을 떠난 지 오래되어 모국어를 잊었기 때문이다. 바울이 여기서 사용하는 그리스어 단어는 힐라스테리온(*hilastērion*)인데, 이 단어는 하나님께서 화목을 이루기 위해 사람들을 가장 친근하게 만나셨던 장소이며 언약궤의 뚜껑이었던 "시은좌"(mercy seat, 은혜의 자리)를 나타내기 위해 출애굽기와 레위기의 그리스어 번역에서도 사용되었다. 다니엘 베일리(Daniel Bailey)는 이 구절을 이렇게 읽어야 한다고 제안한다. "하나님께서는 그의 아들을" 화목의 새로운 장소인 "은혜의 자리로 지명하셨다"고 말이다.[2] 이러한 행위에 하나님의 주도성이 있다는 의미를 더 잘 전해 준다는 점에서 이는 매력적인, 가능성 있는 제안이다. 예수님 안에서, 구체적으로는 그분의 죽음 안에서, 하나님은 만나 주시고 합의를 보시는 장소를 우리에게 베풀고 계신다.

이 특별한 단어가 어떻게 번역되든지 간에, 하나님의 주도성이 이 본문에서 매우 중요한 요소라는 것은 분명하다. 이는 은혜이며, 이는 하나님의 너그러움이다. 우리가 감정이 상한 하나님께로 돌아갈 길을 찾음으로써 이 변화의 여정을 시작해야 한다는 것이 아니라, 하나님께서 우리에게 오시는 길을 친히 찾으셨다는 점에서 그러하다. 예수님이 끔찍하게 처형당하신 것은 우리를 찾으시고 우리를 자신과 화목하게 하시며 새로운 시작을 가능하게 하시는 하나님의 진실하심을 보여 주는 표시이다. 그리고 하나님의 경륜 안에서 예수님의 죽으심의 의미가 무엇이든지 간에, 예수님의 십자가 처형은 자

---

[2] Daniel Bailey, *Jesus as the Mercy Seat: Paul's Use of Hilasterion in Romans 3:25* (Tübingen: Mohr Siebeck, 근간). 찰스 탈버트는 주요 선택안들을 철저히 숙고하면서 이 관점도 진지하게 고려할 만한 것으로 제시했다(Charles Talbert, *Romans* [Macon, GA: Smyth & Helwys, 2002], 110-15).

신을 방어하기 위한 정치 체제가 저지른 가혹한 야만적 행위이기도 했다는 사실을 결코 잊어서는 안 된다.

바울은 이 화목의 특질에 대해서도 단호하다. 관계가 서로 소원해졌다가 다시 화해한 경험이 있는 사람들은 종종 그 관계가 예전 같지 않다고 느낄 때가 있다. 새로운 상황은 그들을 현재의 형편에 처하게 만든 나쁜 추억과 감정들을 떠오르게 한다. 시쳇말로 이런 것을 "응어리"라고 한다. 바울은 하나님께서 "우리의 모든 죄를 사하시고 우리를 거스르고 불리하게 하는 법조문으로 쓴 증서를 지우시고 제하여 버리사 십자가에 못 박으"셨다는(골 2:13-14) 생생한 언어를 사용한다. 이는 우리에게, 하나님에 관한 한, **우리의 옛 모습**이 어떠했는지에 근거해서 하나님과 우리의 관계에 응어리가 존재하는 일은 **없다는 것을** 전해 주기 위해서이다. 예수님의 십자가는 우리로 하여금 예수님을 믿게 하시려는 하나님의 진심 어린 초대일 뿐만 아니라, 우리가 지금까지 잘못 행한 모든 일의 목록을 하나님께서 기억하지 않으신다는 엄숙한 선언이다. 이로 인해 우리는 "그 안에서 그를 믿음으로 말미암아 담대함과 확신을 가지고 하나님께 나아감을 얻"는다(엡 3:12).

죄 용서와 하나님과의 관계 회복은 모두 이제 바울이 여러 곳에서 초점을 맞추고 있는 것처럼, '칭의'의 매우 중요하고 실제로 근본적인 측면이다. 예를 들어, 바울은 로마서 4:1-

12에서 "의롭다고 여기시는 것"을 가장 분명하게 묘사하는 시편 32:1-2을 인용해서 이 사실을 강조한다. "불법이 사함을 받고 죄가 가리어짐을 받는 사람들은 복이 있고, 주께서 그 죄를 인정하지 아니하실 사람은 복이 있도다"(롬 4:7-8).[3] 이 첫 번째 칭의에서 우리는 하나님의 놀라우신 너그러움과 긍휼을 본다. 하나님은 경건하지 아니한 자들을 실제로 용서하셔야 했으며, 그래서 그들을 의롭다고 하신다(롬 4:5).[4] 하지만 새로운 시작은 우리의 변화라는 복음의 **시작**일 뿐이다.

2. 우리는 하나님이 보시기에 거룩하고 의롭게 되기 위해 옛 모습에서 자유로워졌다

어떤 사람들은 평생 진정한 자아성찰을 하지 못하고 방황

---

[3] 이러한 까닭에 마크 세이프리드가 적어도 이 시점에서 "의로 여기시는 것은 '죄 있다고 여기지 않는 것'이다(롬 4:8; 시 32:2)."라는 사실을 주목한 것은 정확하다. (Mark Seifrid, "Paul's Use of Righteousness Language against Its Hellenistic Background," in *Justification and Variegated Nomism*, ed. D. A. Carson, P. T. O'Brien, and Mark Seifrid, vol. 2, *The Paradoxes of Paul* [Mohr Siebeck: Tübingen, and Grand Rapids: Baker Academic, 2001] 61).

[4] 고틀로프 슈렝크가 관찰했듯이, 이 "*iustificatio iniusti*(칭의의 시작)는 인간의 모든 표준들과 상반된다. 내용은 형식들을 파열시키고, 은혜의 행위는 관례적인 법적 절차를 대체한다."(Gottlob Schrenk, "*Dikē*, etc.," in *Theological Dictionary of the New Testament*, ed. Gerhard Kittel, trans. G. W. Bromiley [Grand Rapids: Eerdmans, 1964], 2:205).

한다. 이런 사람들은 삶에서 일어나는 잘못된 일들은 그것이 무엇이든지 간에 다른 사람의 잘못이나 실패 때문이라고 여긴다. 하지만 만일 시간을 가지고 자신이 어떤 존재로 살아왔는지, 또 지금 자신의 모습이 어떠한지 반성한다면, 그 사람은 자신 안에 있는 모든 것이 선하지 않으며, 모든 것이 하나님 보시기에 아름답지 않다는 것을 인식할 것이다. 다른 사람을 탓하고, 자기 권리만 주장하고, 다른 사람에게 책임을 전가하는 문화 속에서, 이와 같은 자기 이해에 이르는 것이야말로 점점 더 큰 승리로 여겨진다. 우리가 우리의 자기중심성, 성품과 행위에서의 자기 실패를 진정으로 의식하게 될 때, 바울의 복음은 우리가 이와 같은 상태에 머물러 있어서는 안 된다고 선언한다.

우리도 전에는 분별없는 자요 순종하지 아니한 자요 미혹된 자요 여러 가지 정욕과 행락에 종노릇한 자요 악독과 투기를 일삼은 자요 가증스러운 자요 피차 미워한 자였으나, 우리 구주 하나님의 자비와 사람 사랑하심이 나타날 때에, [하나님께서] 우리를 구원/구속하시되 (우리가 행한 바 의로운 행위로 말미암지 아니하고 오직 그의 긍휼하심을 따라) 새 창조("중생")의 씻음과 성령의 새롭게 하심으로 하셨나니, 우리 구주 예수 그리스도로 말미암아 우리에게 그 성령을 풍성히 부어 주사, 우리로 그의 은혜를 힘입어 의롭다 하심[또는 "칭의"]을 얻어 영생의 소망을 따라 상속자가 되게 하려 하심이라. 이 말이 미쁘도다. 원하건대 너는 이 여러 것에 대하여 굳세게 말하라. 이는 하나님을 믿는 자들로 하여금 조심하여 선한 일을 힘쓰게 하려 함이라. (딛 3:3-8)

이 본문에서 사람들은 "[그들의] 이전 모습과 실상으로부터 구원을 받"는다. 즉, "분별없음, 순종하지 아니함, 미혹됨, 여러 가지 정욕과 행락에 종노릇함, 악독과 투기를 일삼음, 가증스러움, 피차 미워함" 등이다. 그들은 새로운 존재가 되도록, 성령이 인도해 주시는 대로 행하는 사람이 되도록 구원을 받았다. 구체적으로 하나님은 자기중심의 삶과 죄(심지어 다른 사람들의 죄, 그리고 이 죄가 우리에게 끼친 해)로 인해 우리가 행할 수밖에 없었던 이러한 궤도 안에 계속 머물지 **않게** 하시려고 우리를 해방하셨다.

중학교 1, 2학년 과학 시간에 배운 것이 생각난다. 이른바 관성의 개념이다. 관성이란, 운동 중에 있는 물체는 불균형의 힘이 가해지지 않으면 동일한 속도와 동일한 방향으로 계속 운동하려는 경향이 있다는 것이다. 우리의 자기중심적인 갈망들과 의제들은 우리를 어떤 특정한 방향으로 지속적으로 움직이게 한다. 그러나 예수님의 십자가는 우리가 가던 길을 멈추게 할 수 있는 힘이 있다. 바울에게 그랬듯이 말이다.

이타성과 하나님 중심성과 타인 중심성을 표현하려면, 최소한 우리의 자기중심적 궤도에서 우리의 속도를 **늦추어야만** 한다. 그리고 하나님의 선물이신 성령님은 우리의 삶에 불균형의 힘을 넣어 주신다. 죄와 자기중심성이 결코 맞먹지 못하는 이 힘은 바울이 종종 "이전의 자아" 또는 "옛 자아"라고 명명한 충동의 관성에서 우리를 해방시킨다. 옛 "자아"의 목적은 많은 불의를 쌓고 다른 사람에게 악을 행하고, 하나님께서 창조하신 사람에 대한 하나님의 목적을 발견하지도 못하고 살아 내지도 못했다고 정죄하는 것이므로, 하나님은 이러한 자아에서 우리를 구원하셨다. "전에는 우리도 다 그 [불순종하는 사람들] 가운데서 우리 육체의 욕심을 따라 지내며 육체와 마음[감각, senses]의 원하는 것을 하여 다른 이들과 같이 본질상 진노의 자녀이었더니"(엡 2:3, NRSV). 우리는 "이제 최상의 자아"가 되도록 자유를 얻었다.

이제 우리가 자기중심적이고 자립적인 관점 대신에 바울의 관점으로 생각한다면, 우리의 최상의 자아는 우리 자신의 "자아"를 의미하지 않고 (갈 2:19-20; 4:19에 언급했듯이) 우리 각 사람 안에 살아 계시는 그리스도를 의미함을 알 수 있다. 우리의 최상의 자아는 예수님의 성육신으로 말미암아 우리 안에서 회복된 하나님의 형상이다. 예수님은 실제로 성령의 역사하심으로 말미암아 우리 안에 계신 "영원하신 하나님의 형상"(골 1:15)이시다.

이러한 형상의 회복이 우리 변화의 목표다. 우리가 예수님을 믿는 것, 하나님께서 성령님으로 우리를 충만케 하시는 것, 성령님께서 우리를 새로운 삶으로 인도하시는 것, 우리가 새로운 존재가 되는 것까지도 모두 이 목표를 지향한다.

> 그런즉 누구든지 그리스도 안에 있으면 새로운 피조물(new creation)이라! 이전 것은 지나갔으니, 보라! 새것이 되었도다! (고후 5:17)

> 할례나 무할례가 아무것도 아니로되, 오직 새로 지으심(new creation)을 받는 것만이 중요하니라. (갈 6:15)

다시금 강조해서 말하고 싶다. 이러한 변화, 이러한 "새 창조"가 하나님께는 매우 중요한 사안이라고 말이다. 실제로 바울이 갈라디아서에서 언급한 방식으로 표현하자면, **오직 이것만이 중요하다.** 그리스도께서 우리 안에서 그분의 형상을 이루고 계시며, 우리 안에서 살아 움직이시고, 안으로부터 우리를 변화시키셔서, 그리스도가 인도하시고 하나님이 기뻐하시는 일을 우리로 하여금 갈망하게 하시고 그 일을 행하게 하시는가?

3. 우리는 선한 일을 하며 살아가도록 자유로워졌다

일부 개신교 그리스도인들은 "선행"(선한 행위)이라는 말에 당황스러워 하는데, 마치 우리가 선한 일을 행한다면, 믿음으로 말미암아 은혜로 구원을 얻는 것 이외에 다른 수단으로 구원을 추구하는 것으로 보일 수 있다고 생각하는 것 같다. 하지만 확실한 것은, 자신을 그리스도인이라고 칭하는 사람들에게 바울은 선행의 중요성에 대해 말하면서 전혀 당황스러워 하지 않았다는 사실이다. 이 책 1장에서 우리는 바울이 "믿음"과 대조하면서 제시한 행위가 어떤 것이었는지 검토했고, 그 행위가 "선행"을 의미하는 것이 아니라 하나님 보시기에 유대인들이 특권을 받았고 하나님 나라의 문지기들이라는 가정에 근거하여 그들이 이방인과 자신들을 구별하는 관습이었음을 발견했다.[5]

"선행"과 관련해서, 바울은 이것을 우리 존재의 유일한 이유라고 말한다. "새 피조물"로서 "우리는 그[하나님]가 만드신 바라. 그리스도 예수 안에서 선한 일을 위하여 지으심을 받은 자니, 이 일은 하나님이 전에 예비하사 우리로 그 가운데서

---

5 "율법의 행위"에 대해서는 David A. deSilva, *Global Readings: A Sri Lankan Commentary on Paul's Letter to the Galatians* (Eugene, OR: Wipf & Stock, 2011), 117-20과 거기에 인용된 참고 문헌을 보라.

행하게 하려 하심이니라"(엡 2:10). 이것은 개정공동성서정과(Revised Common Lectionary. 1992년에 미국 Abingdon Press에서 발간한 성경 읽기 과정-역주)를 따라 성경을 읽는 사람들이 해마다 성탄절 전야에 읽는 한 본문에 더욱 감동적으로 표현되었다.

모든 사람에게 구원을 주시는 하나님의 은혜가 나타났습니다. 그 은혜는 현시대를 사는 동안 우리를 양육하여 경건하지 않은 것과 이 세상 정욕에 대해서는 "아니(No)"[6]라고 말하게 하고, 의로움과 경건함으로 살게 합니다. 이와 아울러 하나님의 은혜는 복스러운 소망과 우리의 크신 하나님과 우리 구주 예수 그리스도의 영광이 나타나심을 기다리게 하십니다. 예수 그리스도는 모든 불법에서 우리를 속량하시고 우리를 깨끗하게 하사 선한 일을 열심히 하는 자기 백성이 되게 하시려고 우리를 대신하여 자신을 주셨습니다. (딛 2:11-14)

예수님 안에서 우리를 위하여 행하신 하나님의 목적이 무엇인지가 정말 잘 설명되었다. 이 관점에서 보면, 성령이 우리를 인도하시는 길과는 다른 방향으로 우리를 몰고 가는, 우리 자신 안에서, 그리고 우리 주변의 세상으로부터 주어지는 욕

---

6 나는 이 적절한 관용적인 번역을 NIV 2011년도 판에서 빌려 왔다.

구와 충동에 대해 "단호히 '아니'라고 말할" 힘을 주는 교육적이고 훈련적인 요소가 하나님의 은혜에 들어 있다. 우리를 위해 자신을 주신 그리스도의 목적은 우리를 특별한 사람, 즉 그리스도와 **같은** 사람이 되게 하는 것이며, 우리 자신을 하나님께 드려 하나님이 우리를 통해 이 세상에서 행하기를 바라시는 선행을 하게 하는 것이다. 이 비전에 따르면, 그리스도의 이름을 따라 스스로를 "그리스도인"이라 부르는 우리는 선을 행하고, 너그럽게 행동하고, 다른 사람들의 궁핍한 상황이 어떠한 것이든지 간에 그들의 궁핍함을 해결하기 위해 우리 자신과 우리의 소유를 드리는, 다른 사람들 눈에는 **광적인 사람들**로 보여야 한다.[7]

이 시점에서 나는 다시 로마서로 돌아가서 믿음과 변화와 새로운 행위가 어떻게 결합되어 있는지, 변화가 어떻게 믿음으로부터 자라나서 그 믿음에 온전히 기초하고, 그와 동시에 변화가 **없다면** 믿음이 어떻게 해서 아무것도 아니며 하나님의 약속에 미치지 못하는지를 탐구하기를 원한다. 이 문제는 로마서 4장 아브라함의 예에서 분명히 드러난다.

---

[7] 여기에 사용된 그리스어는 젤로텐(*zēlōtēn*)이다. 이 단어는 원인 또는 목표에 대한 특별히 강렬한 열의나 헌신을 의미한다. 무장 혁명을 통해 로마로부터 독립하기를 추구했던 광적인 유대 종파를 표현하기 위해 선택한 단어가 바로 이 단어였다(그래서 그들은 "셀롯"(Zealots), 즉 "열심당"이라고 불렸다).

바울은 "아브람이 여호와를 믿으니 여호와께서 이를 그의 의로 여기시고"라고 선언하는 창세기 15:6의 진술에 대단히 많이 의존하면서 칭의의 패러다임으로 아브라함에게 초점을 맞춘다(롬 4:3). 바울이 아브라함을 하나의 예로 소개하는 두 곳에서 바울이 말하고자 하는 핵심은 할례를 받거나(유대 백성 속으로, 그리고 토라를 행하는 삶으로 들어감) 할례를 받지 않거나 하는 것은 하나님의 인정을 받는 데 아무런 영향을 미치지 않는다는 것이다(예를 들어, 갈라디아서 5:2-4처럼 편지의 쟁점을 제시하는 맥락에 비추어, 로마서 3:27-31; 4:9; 갈라디아서 3:6-9를 보라). 하나님의 약속을 믿는 것이 칭의를 향하고 하나님과의 바른 관계로 나아가는 길이다.

아브라함의 예에서 다소 간과된 측면은 하나님의 약속에 대한 그의 믿음이 **변화시키는 힘을 가졌다**(transformative)는 것이다. 더욱이 그 믿음이 변화시키는 것이 아니었다면, 그리고 그 믿음이 몰고 가는 방향으로 아브라함이 움직이지 않았다면, 그 약속은 결코 실현되지 않았을 것이다. 바다의 모래처럼, 하늘의 별처럼 무수히 많은 후손이 있으리라는 그 약속은, 순종이라는 변화의 행위를 통해서 이루어지기 시작했다.

아브라함은 바랄 수 없는 중에도, "네 후손이 이같이 많으리라" 하신 말씀대로 "많은 민족의 조상"이 되리라고 믿었습니다. 그는 자기 몸이 이미 죽은 것 같고(약 백 세나 되었기 때문에), 또한 사라의 태가 죽은 것 같음을 알고도 믿음이 약해지지 않았습니다. 믿음이 없어 하나님의 약속을 의심하지 않았고, 믿음이 더욱 견고해져서 하나님께 영광을 돌리고, 하나님이 약속하신 것을 능히 이루실 줄을 온전히 확신했습니다. **그러므로** 그의 믿음이 "그에게 의로 여겨졌습니다." (롬 4:18-22 NRSV)

믿음 때문에 아브라함은 약속에 걸맞은 행동을 했다. 그는 사라가 임신하기를 기대하면서 그녀와 잠자리를 했고, (그와 반대되는 의견이 얼마든지 가능했음에도 불구하고,) 하나님께서 이러한 행동의 열매를 맺게 하실 것이라고(즉, 아브라함과 사라는 아들을 가질 수 있게 되리라고) 믿었다. 아브라함의 믿음을 바울이 더 충분하게 설명한 내용을 보면, 의롭다고 여김을 받은 아브라함의 믿음은 그의 신념일 뿐만 아니라 그 신념에 부합된 그의 행위이기도 하다. 믿음의 영향을 받은 이와 같은 행위가 없었다면, 그 약속은 이루어지지 못했을 것이다.[8] 아브라함의 예를 따른다는 것은 단지 명색뿐인 믿음이 아니라, 신뢰

---

8 세이프리드는 "아브라함 이야기의 후반부"를 검토하면서 아브라함이 하나님의 목적과 약속이 결실을 맺도록 그의 믿음에 걸맞게 행동했다는 사실에는 관심을 갖지 않는다. 그 대신에 그는 "바울은 아브라함을 막연히 행동한 사람이 아니라 좀 더 근본적으로 하나님의 약속에 의해 행동한 사람으로 묘사한다. 아브라함은 '믿음으로 견고하여졌다'(롬 4:20)."라고 언급한다(Seifrid, "Paul's Use," 62). 하지만 무엇을 위해 견고해졌다는 말인가? 세이프리드는 대답하지 않는다.

하는 순종, 즉 하나님이 약속하신 목표를 향하여 우리로 전진하게 하는, 믿음에서 나오는 순종을 요구한다(롬 1:6; 16:26).

바울은 새 생명이 어떤 방식으로 "옛" 생명의 행위와 태도를 더 이상 포함하지 않는지를 제시함으로써 부정적인 방식으로 새 생명을 정의하기도 한다. 하지만 여기서 우리가 탐구한, 선한 것을 건설적으로 행하라고 강조한 본문들은 하나님의 표준에 맞추는 것이 단지 악한 것을 삼가는 것에 관한 문제만은 아님을 상기시킨다. 또한 이는 선한 일에, 새사람의 삶에, 그리스도가 이 세상에서 우리를 통해 하고자 하시는 일에, 적극적으로 우리 자신을 드리는 문제에 관한 것이기도 하다. 우리는 이제 머리이신 그리스도의 명령과 소원에 온전히 응답해야 하는 그분 몸의 각 지체들이기 때문이다.

부정적인 측면에서 보는 관점은 이렇다. "너희 몸이 그리스도의 지체인 줄을 알지 못하느냐? 그래서 내가 그리스도의 지체를 가지고 창녀의 지체를 만들겠느냐?"(고전 6:15). 이러한 부정적인 측면에서 볼 때, **내가 내** 몸으로 행할지 말지 생각하는 것은 그 일이 그리스도의 몸에 무슨 의미가 있는지를 고려할 때 나오는 질문이다. 적극적인 측면에서 보는 관점은 이렇다. "이제는 **내가** 사는 것이 아니요, 오직 내 안에 그리스도께서 사시는 것이라"(갈 2:20). 이러한 측면에서 볼 때, 이것은 그분 몸의 지체인 나(다른 관점에서는, 그분의 몸인 교회의 일부인 나)를 통해서 무엇을 하실까 생각하시는 그리스도의 문제이며, 내가 성령님 안에서 이를 분별하고 그 뜻에 복종하는 문제이다.

4. 변화란, 벗어 버리고 다른 것을 입는 것이다

우리가 변화의 과제와 과정을 잘 이해할 수 있도록 바울은 몇 가지 은유를 사용한다. 바울은 옛 자아와 새사람이라는 용어를 사용한다. 바울은 더러운 옷 같은 것을 벗어 버리고 깨끗한 옷 같은 새것을 입는다는 표현을 사용한다. 바울은 옛것에 대해 죽고 새것에 대해 살아난다는 것에 관해 근본적으로 이야기한다.

그러므로 나는 주님 안에서 간곡히 권면합니다. 이제부터 여러분은 이방 사람들이 허망한 생각으로 살아가는 것과 같이 살아가지 마십시오. 그들은 그들 속에 있는 무지와 그들의 마음의 완고함 때문에 지각이 어두워지고, 하나님의 생명에서 떠나 있습니다. … 여러분은, 지난날의 생활방식에 얽매여서 허망한 욕정을 따라 살다가 썩어 없어질 옛 사람을 벗어 버리고, 마음의 영을 새롭게 하여, 하나님을 따라 참된 의로움과 거룩함으로 지으심을 받은 새사람을 입으십시오. (엡 4:17-18, 22-24, 표준새번역)

이와 같은 본문에서 바울은 "새 피조물"이 된다는 것이 무슨 의미인지, 하나님의 영이 새롭게 품어 주심으로써 우리의 옛 자아의 혼돈에서 어떻게 이러한 새 피조물이 형성되는지에 대한 문제로 확장한다.

변화의 이러한 과정은 하나님의 능동적인 투자와 하나님께서 우리에게 주시는 은혜와 도우심에 계속해서 반응하는 우리의 투자 양쪽 모두에 의존한다. 변화의 과정은 계속해서 성령님께 속하지 않은 것을 벗어 버리고 성령님께 속한 것을 취하기 위해서 지속적인 관심을 가지고 분별하고 헌신할 것을 요구한다. 바울은 자기 삶에서 이 일이 얼마나 힘든 과정인지, 그리고 이 과정을 이루는 데 얼마나 지속적으로 주의를 기울여야 했는지를 잘 알고 있다.

경기장에서 달음질하는 사람들이 모두가 달리지만, 상을 받는 사람은 하나뿐이라는 것을 여러분은 알지 못합니까? 이와 같이 여러분도 상을 받을 수 있도록 달리십시오. 경기에 나서는 사람은 모든 일에 절제를 합니다. 그런데 그들은 썩어질 월계관을 얻으려고 절제를 하는 것이지만, 우리는 썩어지지 않을 월계관을 얻으려고 하는 것입니다. 그러므로 나는 목표가 분명하지 않은 달음질을 하는 것이 아닙니다. 나는 허공을 치듯이 권투를 하는 것이 아닙니다. 나는 내 몸을 쳐서 굴복시킵니다. 그것은,

내가 남에게 복음을 전하고 나서, 도리어 나 스스로가 '버림을 받지'[disqualified, '실격당하지'] 않도록 하려는 것입니다. (고전 9:24-27, 표준새번역)

우리는 신체 단련 프로그램에 헌신과 인내와 자제가 필요하다는 것과, 그런 부분에 있어서 우리가 얼마나 쉽게 나태해지는지, 또 우리가 얼마나 쉽게 포기하는지를 잘 알고 있다. 바울은 우리에게 (다시 디도서를 빌려서 표현하자면) "우리를 현시대에 의롭고 하나님을 두려워하며 살도록 훈련시키셔서, 경건하지 않은 것과 세상적인 욕망에 대해 '아니(No)'라고 말하게 하시는" 하나님의 프로그램에 이와 동일한 자세로 헌신해야 하며, 이 일에 끝까지 인내해야 한다고 말한다. 우리는 그저 체중을 줄이거나 심장병에 걸리지 않으려고 이렇게 행하는 것이 아니라, 구원에 이르게 하시는 하나님의 선물들을 온전하고 적절하게 사용하기 위해 이 일을 하는 것이기 때문이다. 얼마나 많은 사람들이 "영원한 안전"을 쉽게 말하는지를 생각할 때, 이 본문에서는 바울조차도 자신이 하나님께서 자기 앞에 놓으신 경주를 완수하지 못할 수 있음을 인식하고 있음에 나는 주목하지 않을 수 없다. 바울은 이렇게 말한다. "그것은, 내가 남에게 복음을 전하고 나서, 도리어 나 스스로가 버림을 받지 않도록 하려는 것입니다."[9]

바울은 골로새 그리스도인들에게 보낸 편지에서 "옛 사람"의 삶과 "새로운 자아"의 삶에 대해 유익한 초상을 그린다. 이 초상은, 이를테면, 자기 성찰의 과제를 감당하는 데 언제나 유익한 진단 도구를 제공한다.

그러므로 땅에 속한 지체를 죽이라. 곧 음란과 부정과 사욕과 악한 정욕과 탐심이니, 탐심은 우상 숭배니라. 이것들로 말미암아 불순종하는 자들에게 하나님의 진노가 임하느니라. 너희도 전에 그 가운데 살 때에는 그러한 삶 가운데서 살았으나, 이제는 너희가 이 모든 것을 벗어 버리라. 곧 분함과 노여움과 악의와 비방과 너희 입의 부끄러운 말이라. 너희가 서로 거짓말을 하지 말라. 옛 사람과 그 행위를 벗어 버리고 새사람을 입었으니, 이는 자기를 창조하신 이의 형상을 따라 지식에까지 새롭게

---

[9] 슈렝크(Schrenk, "*Dikē*, etc.," 208)는 바울의 구원의 확신, 그리고 변화의 사역에 전심을 다하는 그의 헌신 사이의 긴장을 이렇게 설명한다. "바울은 행위에 근거한 최후 심판을 믿음으로 말미암는 칭의와 상충하는 것으로 여기지 않았다. … 심판의 심각성으로 말미암아 새로운 확신은 지칠 줄 모르는 목표 추구로 특징지어지고 거짓 확신을 멀리한다. 이것은 구원의 확신이 흔들리거나 의문시된다는 의미가 아니다. 심판에 대한 생각이 순종의 매우 효과적인 동기로 작용한다는 것이 요지다. 칭의론은 십자가에 표현된 하나님의 아낌없는 진심과의 마주함을 요구한다." 마지막 문장이 제자의 태도를 다루고 있어서 특히 중요하다. 예수님의 십자가 죽으심의 진심은 그만큼의 값을 치르고 십자가에서 시작된 하나님의 일에 우리 자신을 온전히 드리고, 예수님과 함께 죽고 예수님을 위해 살고자 하는 우리의 진심을 촉구한다.

하심을 입은 자니라. 이 새롭게 된 곳에는 헬라인이나 유대인이나 할례파나 무할례파나 야만인이나 스구디아인이나 종이나 자유인이 차별이 있을 수 없나니, 오직 그리스도는 만유시요 만유 안에 계시니라.

그러므로 너희는 하나님이 택하사 거룩하고 사랑받는 자처럼 **긍휼과 자비와 겸손과 온유와 오래 참음을 옷 입고**, 누가 누구에게 불만이 있거든 서로 용납하여 피차 용서하되, 주께서 너희를 용서하신 것같이 너희도 그리하고, 이 모든 것 위에 **사랑을 덧입어라**. 사랑은 모든 사람을 함께 온전하게 묶어 주는 띠니라. 그리스도의 평강이 너희 마음을 주장하게 하라. 너희는 평강을 위하여 한 몸으로 부르심을 받았나니, 너희는 또한 감사하는 자가 되라. 그리스도의 말씀이 너희 속에 풍성히 거하여, 모든 지혜로 피차 가르치며 권면하고 시와 찬송과 신령한 노래를 부르며 감사하는 마음으로 하나님을 찬양하고, 또 무엇을 하든지 말에나 일에나 다 주 예수의 이름으로 하고 그를 힘입어 하나님 아버지께 감사하라. (골 3:5-17)

이 본문은 그리스도와 함께 죽고, "그리스도로 옷 입는 것", 또는 새 생명 가운데 행하는 것(롬 6:4)의 의미가 무엇인지에 대해 제법 훌륭하고 핵심적인 예로서 매우 상세한 그림을 제시한다. 바울의 편지들에 있는 이와 비슷한 본문들과 마찬가지로, 이 본문 역시 그리스도를 따르는 사람들이 날마다 감당

해야 할 특별하고 각기 다른 의제들을 제시한다. 그 의제는 다른 모든 의제들 이면에 있어야 하는 것이고, 다른 모든 의제들이 우리 내부에서 발전하도록 도움을 주어야 하는 의제다. 이 의제는 어떤 익숙한 방식들을 벗어 버리고, 치워 버리고, 그 방식들에 대해 죽고, 마치 새 옷을 입듯 새로운 방식을 입고 우리 자신 위에 걸치고 그 방식으로 인해 활기를 얻는 문제와 관련이 있다.

이 일을 이루기 위해서는 영적인 훈련이 필요하다. 내가 특별히 강조하고 싶은 것은 성경 읽기, 기도, 자기 성찰, 경건한 모임이다. 예수님은 우리를 우리의 옛 자아로부터 구해 내기 위해 죽으셨는데, 그 자아가 다시 자기주장을 내세우는 때가 언제인지 스스로 진단하게 하는 많은 징후의 이미지들을, 우리는 성경 읽기에 몰두할 때 만나게 된다. 그리스도께서 우리 속에 그분의 형상을 온전히 이루어 가실 때, 성령님께서 우리를 인도하실 때, 그 모습이 어떠한지를 우리에게 보여 주는 내적이고 관계적 특질들과 실천적인 열매를 성경에서 읽는다. 하나님께 자신을 솔직하게 내보이고 연약함을 인정하고 침묵하면서, 하나님 앞에서 기도하고 자신을 성찰할 때, 성령께서 그 순간 우리의 현재 모습과 관련되는 말씀을 생각나게 하셔서 때로는 죄를 깨닫게 하시고 때로는 확신을 주신다. 이처럼 변화에 헌신한 다른 그리스도인들과 연합할 때, 우리는 서로에 대한 이해를 나누고 자신의 약점을 보도록 도와주고, 우리 자신에 대한 우리 자신의 관점을 외부 시각으로 보게 된다.

이 모든 실천 사항은 무척 중요하다. 우리는 정기적으로 자신에게 질문해야 한다. 내가 하려고 하는 일, 내가 다른 사람과 관계 맺는 방식, 내가 참여하고 있는 이 특정한 의식은 내 마음과 뜻과 몸을 하나님께 드린 결과인가? 이렇게 질문할 수도 있다. 내가 지금까지 해 온 그 무엇, 지금 행하고 있는 그 무엇, 이제 행하려고 생각하고 있는 그 무엇은, 내 자신의 명령 곧 자기중심적이고 자기만족을 위한 욕구에 내 자신을 준 결과인가? 우리의 대답으로 우리 안에 계시는 하나님의 영을 속일 수는 없다. 말씀과 기도, 그리고 하나님을 위해 살고자 하는 사람들과의 교제에 집중한다면, 우리의 대답으로 오랫동안 우리 자신을 속일 수도 없을 것이다. 이 질문들에 대한 대답을 아는 순간, 우리는 무엇을 해야 하는지도 안다. 이때가 바로 헌신과 자기부인이 작용하는 시점이다. 바울의 비유로 돌아와서, 경주자는 자기가 경주하려는 종목에서 더 잘하고 싶다면, 자기가 즐기고 싶은 것, 또는 하고 싶은 많은 일들에 대해 "아니"라고 말해야 한다. 이와 마찬가지로 우리도 하나님이 우리에게 바라시는 삶에 도달하고자 한다면, 우리 안에서 고착화된 많은 것에 대해, 마치 본능처럼 자동적으로 일어나는 반응과 충동에 대해 죽어야만 한다.

존 웨슬리는 이것을 직감했던 것 같다. 진지한 그리스도인들이 이러한 변화의 과정을 이루어 가는 일에 구체적으로 사용하도록 "365일 기도문"(Prayers for Daily Use)을 쓰면서, 웨슬리는 일주일에 **이틀은** "**죽음**"(mortification) 곧 우리의 갈망, 욕망, 의제, 자기도취에 대해 죽는 것을 중심 미덕으로 제시했다.[10] 그것은 죽는 것이고, 죽는 것은 결코 유쾌하지 않다. 하지만 우리 안에서 우리가 죽인 것 대신에 살아나게 할 것이라고 하나님이 약속하신 것은 고상하고 아름다우며, 우리를 하나님과 더욱 하나가 되게 하고, 복음의 진리와 그 능력을 가장 웅변적으로 증언하는 특질을 가진다.

5. 하나님은 성령님의 은사를 통해 이 변화를 가능하게 하신다

이 변화의 사역이 우리의 노력과 의무의 영역 안에 정확히 자리 잡고 있다면, 그것은 전혀 "좋은 소식, 복음"이 아닐 것이다. 하지만 바울은 자기도 의로우실 뿐 아니라 예수 믿는 사람을 의롭다고 하실 수 있으신 하나님을 선포했다(롬 3:26).

---

10 웨슬리가 7일 주기로 작성한, 매일 아침과 저녁에 행하는 자기 성찰과 기도는, 그가 기독교적 일상 덕목이라고 정의한 하나님 사랑, 이웃 사랑, 겸손, 죽음, 체념, 감사와 같은 것을 육성하는 데 초점을 맞춘다. 이를 좀 더 현대적인 형식으로 새롭게 고쳐 쓴 내용은 David A. deSilva, *Praying with John Wesley* (Nashville: Discipleship Resources, 2001)를 보라.

바울의 "좋은 소식, 복음"의 본질적인 부분은 하나님이 친히 양육하시고 능력을 주신 것이 아니라면 아무것도 바라거나 요구하지 않으신다는 것이다. 하나님은 그분의 아들을 우리 마음속에, 그리고 우리 가운데 보내셔서 우리 개인을, 또 신앙 공동체를 지도하고 인도하게 하셨다. 그로 인해 우리가 죄와 자기중심적인 욕망에 대항하여 **싸우도록** 힘을 주실 뿐 아니라, 그에 대해 **승리하게** 하신다.[11]

갈라디아서를 자세히 연구해 보면, 하나님이 예수님 안에서 우리 가운데 행하신 새로운 사역을 바울이 이해한 내용에 있어서, 성령님이 얼마나 중요하고 중심을 차지하는지가 드러난다. 갈라디아 사람들에 대한 바울의 반응에 있어서, 그리고 어쩌면 그 당시 갈라디아에서 논쟁하던 당파들 사이에서 있

---

11 라이트는 하나님이 의가 반영되었다고 보시는 사람들이라는 최종적인 상태에 우리가 이르게 하심에 있어서 성령님의 역할을 정확히 파악한다. "당신은 바울의 성령론 없이는 바울의 확신론(그리고 종교개혁의 칭의론의 영광은 분명히 확신이다)을 … 소유할 수 없다."(N. T. Wright, *Justification: God's Plan and Paul's Vision* [Downers Grove, IL: InterVarsity Press, 2009], 237). 실제로 만일 예수님을 믿는 사람들에게 "최종적인 결과에 대해 확신이 있다면", 나는 삼위일체 제3위 사역의 필요성을 확언하고 싶다(Michael Bird, *The Saving Righteousness of God: Studies on Paul, Justification and the New Perspective* [Milton Keynes, UK: Paternoster, 2007], 175). 이 말은 죽기까지 하신 예수님의 순종이 우리의 최종적인 칭의에 불충분하다는 것이 아니라(이것은 버드의 매우 중요한 관심사다), 우리 안에서 그 순종의 삶을 살게 하시는 성령님을 의지해야 한다는 것을 암시한다. 하나님의 사랑에서 끊어질 수 없는 (롬 8:38-39) "우리"는 "성령님이 그의 생명을 주신 사람들이고, 자유로워진 그리스도인으로서 거룩한 열매를 맺는 변혁을 행하는 사람들"이다(Wright, *Justification*, 238).

었던 가장 중요한 논증은 사람이 어떻게 아브라함의 상속자가 되고 그래서 하나님 약속의 상속자가 되고 하나님 백성에 속하게 되는지와 관련이 있다. 바울은 이렇게 이해했다.

그리스도께서 우리[유대인 신자들]를 위하여 저주를 받은바 되사 토라의 저주에서 우리를 속량하셨으니, 기록된바 "나무에 달린 자마다 저주 아래에 있는 자라" 하였음이라. 이는 그리스도 예수 안에서 아브라함의 복이 이방인[여러 민족들]에게 미치게 하고 또 우리로 하여금 믿음으로 말미암아 약속하신 성령을 받게 하려 함이라. (갈 3:13-14. 신명기 21:23을 인용함. 참조, 신 27:26).

바울이 이해하는 바로는, 아브라함이 받은 약속, 즉 토라를 주심으로써 변경되거나 수정될 수 없었던 그 약속은 바로 성령님이며, 성령님의 임재와 활동과 내주하심은 초대교회가 경험한 일의 근본적인 측면이었다.[12] 성령을 주심은 하나님이

---

12 라이트(*Justification*, 124)는 두 가지 별개의 뜻이 있는 갈라디아서 3:14에서 두 구절을 취하는데, 갈라디아서 3:14에서는 "짐작건대 예수님을 믿는 유대인들"을 뜻하는 "우리"가 약속하신 성령님을 받은 사람들이다(*Justification*, 125, 171도 보라). 바울은 자신과 베드로, 그리고 야고보에게서 온 사람들 사이의 공통적인 근거를 설명하는 갈라디아서 2:15-16처럼, 갈라디아서 여러 곳에서 구체적으로 유대 출신의 그리스도인들을 언급하기 위해 "우리"라는 단어를 사용한다. 하지만 갈라디아서 3:14에서 "우리"를 유대인 출신 그리스도인들로 한정하는 것은 3:2-5; 4:6-7에서 "이방인들"이 동일한 성령을 받은 것을 강조한 것에 비춰 볼 때, 문제의 소지가 있다.

인간을 다루심에 있어서 정점에 있는 일이며, 아브라함 안에서 모든 민족이 복을 받을 것이라는 약속의 성취다. 더욱이 이 성령님은 토라로는 이룰 수 없었던 의를 우리 안에서 작동케 하시는, 하나님이 주신 수단이다(갈 2:21; 3:21; 5:5).

바울이 생각하기에, 우리의 칭의를 위해 예수님을 믿는 것은 예수님이 자신의 죽음을 통하여 우리를 위해 확보하신 것, 즉 내주하시는 성령님의 선물이 우리를 하나님의 의로운 표준을 따르게 하는 변화로 충분히 인도하시고 이 변화를 우리 안에서 이루실 수 있다고 믿는 것을 포함한다. 다시 말해서, "믿음으로 말미암아 의롭게 되는 것"은 "하나님께서 믿는 사람들에게 주시는" 성령님으로 말미암아 "하나님의 의의 표준에 맞추는 것"을 포함한다.

그러나 내가 이르노니, 너희는 성령을 따라 행하라. 그리하면 육체의 욕심을 이루지 아니하리라. 육체의 소욕은 성령을 거스르고 성령은 육체를 거스르나니, 이 둘이 서로 대적함으로 너희가 원하는 것을 하지 못하게 하려 함이니라. … 그리스도 예수의 사람들은 육체와 함께 그 정욕과 탐심을 십자가에 못 박았느니라. 만일 우리가 성령으로 살면 또한 성령으로 행할지니라. (갈 5:16-17, 24-25)

바울로 인해 개종한 갈라디아 사람들은 하나님의 의에 따라 살아가는 것, 그리고 자기중심적 관심사와 욕구의 충동에 저항하기 위해 필요한 수단을 찾는 것이 얼마나 중요한지 잘 알고 있었다. 그 문제들에 대한 하나님의 대답으로서 바울의 대적자들은 토라가 규정하는 삶을 제시했고, 그들의 메시지에 바울의 개종자들이 매료되었던 이유가 바로 이것이다. 이와는 반대로 바울은 하나님의 성령만으로도 충분할뿐더러 성령님이 더 우월한 자원이라고 약속한다. "너희는 성령을 따라 행하라. 그리하면 육체의 욕심을 이루지 아니하리라."[13]

갈라디아서 5:16의 약속은 5:17을 어떻게 읽어야 하는지에 영향을 준다. "육체의 소욕은 성령을 거스르고 성령은 육체를 거스르나니, 이 둘이 서로 대적함으로 너희가 원하는 것을 하지 못하게 하려 함이니라." 이 구절은 마치 성령과 육체가 동등한 권세를 가지고 있고 우리는 영원한 답보 상태에 사로잡혀 있는 것과 같은, 우리의 마비 상태를 묘사하는 것이 아니다.[14] 성령님이 더 강한 능력이시다. 성령님과 연합하면 우리

---

13 NRSV는 두 번째 동사를 확실한 결과가 아니라 또 다른 명령으로 잘못 번역했다. "내가 말하거니와, 성령에 의하여 살아라. 그리고 육체의 욕심을 이루지 말라"(갈 5:16). 하지만 바울은 미래의 결과를 강하게 부정하는 구문을 사용한다. 그래서 이 두 번째 절을 "그러면 확실히 너희는 육체의 욕망을 이루지 않을 것이다."라고 번역해야 한다.

14 H. D. Betz, *Galatians*, Hermeneia (Philadelphia: Fortress, 1979), 279-80; Richard Longenecker, *Galatians*, WBC (Dallas: Word, 1990), 246에 반대함.

는 자기중심적 충동을 물리치게 되리라고 확신할 수 있다.[15]

내가 이 문제를 지적하는 이유는, 죄의 권세와 자기중심적인 욕망에서 자유로워졌다고 믿지 않는 그리스도인들이 많기 때문이다. 그들은 계속해서 갈등하고 종종 실패하는 것이 몸으로 살고 있는 삶의 현실이라고 오해한다. 이것은 좋은 소식이 **아니며**, 그뿐 아니라 **바울의** 복음이 아닌 것이 확실하다. 신학자들은 바울의 핵심 본문인 로마서 7:7-25을 **오독함으로써** 이런 확신에 힘을 실어 주었다(이 문제에 대해 나는 상당히 자신이 있다).

이 본문을 이해하는 데 두 가지 주요 접근 방식이 있다. 한 가지 방식은 본문을 그리스도인의 상태를 묘사하는 것으로 읽는 것이다.[16] "나는 선한 일을 원할 수는 있지만 그것을 실행할 수는 없습니다. 나는 내가 원하는 선한 일은 하지 않고, 내가 원하지 않는 악한 일, 바로 **이 일을** 합니다."(롬 7:18-19).

---

15 버드(Bird, *Saving Righteousness*, 173)가 주목하듯이, "인간에게는 율법을 지킬 수 있는 능력이 없다는 바울의 인간론적 비관주의에 필적하는 것은, 성령으로 능력을 받은 사람들이 성령 안에서 행할 때(롬 8:4; 갈 5:25) 율법의 요구를 이룰 수 있고 모세와 그리스도의 법을 이루게 될 것(롬 13:8-10; 갈 6:2)이라는 바울의 성령론적 낙관주의뿐이다." 또한 Troels Engberg-Pedersen, *Paul and the Stoics* (Louisville: Westminster John Knox, 2000), 163, 165; J. M. G. Barclay, *Obeying the Truth: Paul's Ethics in Galatians* (Minneapolis: Fortress, 1991), 115-16도 보라.

16 예를 들어, Don Garlington, *Faith, Obedience, and Perseverance* (Tübingen: Mohr Siebeck, 1994), 5장을 보라.

바울이 묘사하는 갈등이 우리 속에 가득할 수는 있어도, 우리로서는 바울이 그리스도 안에 있는 사람의 표준적인 상태라고 믿는 바를 묘사하는 것이 아님을 인식하는 것이 중요하다. 결과적으로 우리가 악하고 자기중심적인 충동과의 싸움에 두 손을 들고, 이 구절이나 이 단락의 다른 부분을 인용하면서 포기하고 항복하는 것은 우리의 잘못이다. 오히려 이 단락은 근본적으로 토라를 옹호하면서 "그런즉 우리가 무슨 말을 하리요? 율법이 죄냐? 그럴 수 없느니라!"(롬 7:7)라며 질문에 대답한다. 하나님의 율법은 선하다. 하지만 죄가 인류에게 스며들었으며, 사람들이 하나님의 의에 맞춰 살아가게 할 힘이 토라에는 없다. 이 본문은 어떻게 해서 토라의 실패가 토라 안에 내재한 결함이 아닌지를 설명한다.[17]

이 문맥에서 바울이 "나는 육신에 속하여 **죄 아래**에 팔렸도다"(롬 7:14b)라고 말할 때, 그는 그 사람의 상태를, 이 경우 특히 유대인의 상태를 다시 한 번 묘사한 것이다. 즉 그가 예수님을 믿고 성령의 선물을 받도록 하나님께서 그의 삶에 은혜롭게 개입하기 이전의 상태 말이다. 이것은 바울이 일찍이 주장한 로마서 3:9의 "유대인이나 헬라인이나 다 죄 아래에 있

---

17 James D. G. Dunn, *The Theology of Paul the Apostle* (Grand Rapids: Eerdmans, 1998), 157을 보라.

다고 우리가 이미 선언하였느니라"에 비교된다. 죄의 지배를 받고, 죄의 권세와 정죄 아래 있고, 심지어 죄의 "종"인, 이러한 "죄 아래" 있는 상태로부터 사람들은 그리스도 안에서 구원함을 받았다. **이것이** 바로 좋은 소식, 즉 복음이다.[18] 바울은 이 사실을 앞 장에서 매우 분명히 밝혔다.

> 우리의 옛 사람이 예수와 함께 십자가에 못 박힌 것은 죄의 몸이 죽어 다시는 우리가 죄에게 종노릇하지 아니하려 함이니, … 죄가 너희를 주장하지 못하리니, … 하나님께 감사하리로다. 너희가 본래 죄의 **종이더니** 너희에게 전하여 준 바 교훈의 본을 마음으로 순종하여 **죄로부터 해방되어** 의에게 종이 되었느니라. (롬 6:6, 14, 17-18)

바울은 7:7-25의 논증에서 그 측면에 이미 조처를 취해 놓았다. 그는 "토라 아래" 있는 사람에 대해서, 그리고 육체의 권세로 인해 죄의 지배를 받았던 경험을 이야기하면서, 로마서 7:24에서 표현했듯이, "이 사망의 몸"이라고 표현한다. 이런 사람은 자기 내부에서 끔찍한 분열을 경험한다. "그런즉 내 자신이 마음으로는 하나님의 법을, 육신으로는 죄의 법을

---

18 로마서 7:7-25을 예수님 안에 있는 신자보다는 중생하지 않은 사람에 대한 묘사로 읽는 것에 대해서는 Talbert, *Romans*, 188-89를 보라.

섬기노라"(7:25). 7:25에서 바울이 묘사하는 분열된 자아는 그리스도께서 신자를 떠나신 상태가 아니고, 하나님께서 그를 그리스도 안에서 해방시켰을 때의 상태다. 계속해서 바울이 "이는 그리스도 예수 안에 있는 생명의 성령의 법이 죄와 사망의 법에서 너를 해방하였음이라"라고 말하듯이 말이다(8:2). 바울이 몇 구절 앞에서 약간은 이른 듯한 찬양을 선언한 까닭이 여기에 있다. "우리 주 예수 그리스도로 말미암아 하나님께 감사하리로다"(7:25)라는 찬송은 "이 사망의 몸에서 누가 나를 건져내랴?"(7:24)라는 그의 고뇌에 찬 질문에 대한 대답으로 주어졌다. 하나님은 우리를 죄의 권세에서 해방하셨으며, 우리를 성령의 권세 안에 있는 새 생명에 들어가게 하셨다. 하나님께서 토라를 통하여 이루려 하셨던 의의 표준을 우리가 마음에서 우러나오는 순종으로 성취하게 하는 생명 말이다.

율법이 육신으로 말미암아 연약하여 할 수 없는 그것을 하나님은 하시나니, 곧 죄로 말미암아 자기 아들을 죄 있는 육신의 모양으로 보내어 육신에 죄를 정하사, 육신을 따르지 않고 그 영을 따라 행하는 우리에게 **율법의 요구가 우리 안에서 이루어지게 하려 하심이니라.** (롬 8:3-4)

바울은 어디에서도 율법을 **행하는**(doing) 그리스도인들에 대해서는 말하지 않는다. 그러나 그는 분명 율법을 **성취하는** (fulfilling) 그리스도인들에 대해서는 말하는데(갈 5:13-14; 롬 13:8-10도 참조하라), 그리스도인들은 율법이 궁극적으로 추구하는 바를 다른 수단으로 말미암아 이루는 사람들이다. 율법을 성취하게 하는 수단은 우리가 육체의 욕구와 충동을 이기도록 우리의 인도자와 대변자로 임하신 성령님이시다.[19]

이 사실은 우리에게 육체(실제로는, 우리 안에 있는 자기중심적이고 자기만족적인 본능)에 초점을 맞추어 육체의 인도를 받지 말고, 우리의 마음(우리의 의도와 헌신과 초점)을 변함없이 지속적으로 성령님께 맞추고 성령님의 인도하심을 받을 것을 다시 한 번 요구한다.

육신을 따르는 자는 육신의 일을, 영을 따르는 자는 영의 일을 생각하나니, 육신의 생각은 사망이요, 영의 생각은 생명과 평안이니라. 육신의 생각은 하나님과 원수가 되나니, 이는 하나님의 법에 굴복하지 아니할 뿐 아니라 할 수도 없음이라. 육신에 있는 자들은 하나님을 기쁘시게 할 수 없느니라. 만일 너희 속에 하나님의 영이 거하시면 너희가 육신에 있지 아니하고 영에 있

---

19 Betz, *Galatians*, 275; Barclay, *Obeying the Truth*, 138을 보라.

나니. (롬 8:5-9a)

로마서 8장에서 선별한 이 본문들은 내가 바울을 연구하면 할수록 영향을 받았던 지점으로 우리를 데려간다. "하나님께서는 마침내 우리를 죄 없다고 하실 것이다. 하나님 보시기에 우리가 선하고 의로운 사람이 될 수 있도록, 우리가 선하고 의로운 일을 할 수 있도록, 하나님이 행하셨기 때문이다."

6. 우리는 사망의 두려움에서 자유로워졌다

이 변화 과정에서의 최종적인 단계, 즉 우리가 죽음 너머에 있는 삶에 들어감을 특징으로 하는 (죽을 수밖에 없는) 우리 몸의 변화를 언급하지 않고는, 바울 복음에 대한 설명이 완전하지 않을 것이다.

우리의 시민권은 하늘에 있는지라. 거기로부터 구원하는 자 곧 주 예수 그리스도를 기다리노니, 그는 만물을 자기에게 복종하게 하실 수 있는 자의 역사로 우리의 낮은 몸을 자기 영광의 몸의 형체와 같이 변하게 하시리라. (빌 3:20-21)

이 썩을 것이 썩지 아니함을 입고 이 죽을 것이 죽지 아니함을 입을 때에는 "사망을 삼키고 이기리라"고 기록된 말씀이 이루어지리라. … 그러므로 내 사랑하는 형제들아 견실하며 흔들리지 말고 항상 주의 일에 더욱 힘쓰는 자들이 되라. 이는 너희 수고가 주 안에서 헛되지 않은 줄 앎이라. (고전 15:54, 58)

복음은 예수님을 믿는 사람이 그리스도 안에서 새사람이 될 수 있다는 것만이 아니다. 복음은 그가 되어 가고 있는 그 새사람이 영원히 살 것이라는 소식이기도 하다. "맨 나중에 멸망받을 원수는 사망이니라"라고 선언할 때(고전 15:26), 바울은 인류의 보편적인 원수의 패배를 말한 것이다. 그의 "복음"은 그리스도를 믿는 사람은 더 이상 사망의 두려움의 그늘 아래 살 이유가 없다는 것이다. 하나님께서 더 이상 사망이 인간 존재의 최종적인 결정권자가 되지 않도록 준비하셨기 때문이다.

  이것을 믿는 것이 헌신된 제자도의 핵심이다. 이생이 우리가 가진 전부라는 생각은 여러 면에서 우리의 자기중심적인 충동과 욕망의 강력한 원천이다. 우리가 죽음을 막다른 길로, 이생을 우리가 목표를 성취할 주된 무대로 여긴다면, 그렇다면 자기 만족감이 점점 더 중요해지고, 다른 사람들에게 선이 되는 일을 찾거나 하나님과 관련된 의제를 발전시키기 위해 자기를 부인하는 일은 점점 더 합당하게 여겨지지 않을 것이다. 일찍이 바울의 동시대 사람인 솔로몬의 지혜서 저자는 이러한 사고방식을 웅변적으로 표현했다.

> 우리의 인생은 짧고 고통스럽다. 죽음에 다다르면 묘약이 없고, 무덤에서 돌아온 사람도 없다. 우리는 다 우연히 태어났다. 우리의 생이 끝날 때가 되면, 우리는 마치 있지 않았던 것처럼 될 것이다. … 그러니 오라! 이제 생의 모든 좋은 것을 즐기자. 젊을 때처럼 세상에 있는 것을 맘껏 누리자. 값비싼 포도주와 향료로 맘껏 취하고, 봄철의 꽃 한 송이라도 시들기 전에 꺾어 두자. 장미가 시들기 전에 그 봉오리들로 화관을 만들어 쓰자. 어떠한 풀밭도 우리의 이 환락에서 빠지는 일이 없게 하라. 이생은 다 우리의 것이니 어디에나 우리의 증표를 남기자. 자기 할 일을 다 하는 노동자를 억누르고, 과부를 학대하는 것을 두려워하지 말자. 백발이 성성한 노인이라고 존경할 것 없다. 약한 것은 스스로 쓸모없음을 드러내니 우리 힘이 우리의 유일한 법이요 옳음을 결정하는 잣대가 되게 하자. (Wis 2:1-2, 6-11)

저자는, 삶에서 자기만족을 최우선에 놓는다면, 다른 사람들의 행복을 그저 무시하는 것을 넘어 연약한 이웃을 희생시켜 가면서까지 자신의 욕망을 만족시키기 위해 약육강식을 실행하는 쪽으로 나아가기가 쉽다고 암시한다.

솔로몬의 지혜서는 이러한 사고방식을 "죽음과 계약"을 맺은 결과로(1:16), 그래서 자신의 인생에 대해 죽음의 궁극적인 주장에 동의하고 이생에 대해서만 관심을 두고 그 안에서만 살아간 결과로 묘사한다. 지혜서는 이러한 사고방식을 인간에 대한 하나님의 궁극적인 목적을 파악하지 못한 결과라고 기소하기도 한다.

그들은 거룩한 삶이 가져다주는 보상을 바라지 않고, 자신이 흠 없는 영혼을 유지한다면 받게 될 상도 안중에 없다. 정녕 하나님께서는 인간을 영원히 살 존재로 창조하시고 자신의 독특한 본성의 완전한 대리자로 만드셨다. (Wis 2:22-23)

이러한 궁극적인 변화에 대한 소망으로 인해 우리는 그 마지막 단계까지 이르는 전체 과정에 헌신할 힘을 얻는다

바울은 이 사실을 매우 잘 이해하고 있다. 진정으로 바울은 죽음 너머에 있는 삶에 대한 하나님의 약속을 자신이 잘못 알고 있는 것이라면 자신과 동료들과 개종자들이 "가장 불쌍한 자"라는 사실을 받아들인다(고전 15:19). 그들은 도래하지 **않을** 삶을 위해 이생의 즐거움과 위로를 도외시하는 것이기 때문이다.

만일 죽은 자들이 도무지 다시 살아나지 못하면, … 어찌하여 우리가 언제나 위험을 무릅쓰리요? … 내가 인간적인 소망으로 에베소에서 맹수와 더불어 싸웠다면, 내게 무슨 유익이 있으리요? 죽은 자가 다시 살아나지 못한다면, "내일 죽을 터이니 먹고 마시자" 하리라. (고전 15:29-30, 32)

죽음 저 너머에 있는 삶을 믿지 않는 사람은 그 삶을 위해 숭고함을 추구하려는 감각을 희생할 필요가 없는데, 역사상 많은 사람들이 입증했듯이, 이러한 믿음이 없으면 사람들은 자신이 희생해야 할 것과 이 일을 추구하기 위해 끌어안아야 할 역경을 심각하게 제한한다. 하지만 최종적인 변화에 대한 소망 때문에, 바울은 자신의 **일시적인** 손실이 **실제적인** 손실이라는 두려움 없이 현재의 삶에서 자신의 전부를 하나님의 목적에 헌신할 수 있었다.

그러므로 우리가 낙심하지 아니하노니, 우리의 겉 사람은 낡아지나 우리의 속사람은 날로 새로워지도다. 우리가 잠시 받는 환난의 경한 것이 지극히 크고 영원한 영광의 중한 것을 우리에게 이루게 함이니, 우리가 주목하는 것은 보이는 것이 아니요 보이지 않는 것이니, 보이는 것은 잠깐이요 보이지 않는 것은 영원함이라. (고후 4:16-18)

로마의 지중해 전역에 "복음"을 선포하라는 하나님의 명령에 바울이 철저하게 순종한 것은 이러한 사고방식에 뿌리를 두고 있다. 유대교 내에서 가장 엄격한 노선을 헌신적으로 추종하며 존경받던 자신의 삶을, 소외당하고 십자가에 못 박히신 메시아의 표지와 경험을 자신의 몸에 짊어지는 삶으로(갈 6:17) 하나님이 변화시키신 것을 확인하기 위한 바울의 헌신 역시 마찬가지다.

이생의 쾌락과 위세와 재물을 즐기기 위해 살아갈수록, 우리는 영원한 것을 즐기게 되는 변화의 과정에 덜 헌신하게 될 것이다. 예수님이 하신 말씀을 빌려 표현하면 이렇다. "누구든지 자기 목숨을 구원하고자 하면 잃을 것이요, 누구든지 나와 복음을 위하여 자기 목숨을 잃으면 구원하리라"(막 8:35). 이 변화 과정의 결국에 대한 바울의 말(즉, 우리가 자신에 대해 죽을 때 예수님의 부활 생명에 참여한다는 것)을 믿는다면, 우리는 이 세상을 살아가는 동안 그 과정을 추구하는 일에서 스스로 물러서지 않을 것이다.

제3장

복음은 공동체의 변화를 의미한다
: 우리는 얼마든지 새로운 방식으로
다른 사람과 관계를 맺을 수 있다

앞의 두 장에서는 우리가 하나님으로부터 소외된 상황, 죄의 압제 아래에 있고 하나님에게서 벗어나 있는 상태, 우리 자신과 자기보호와 자기만족을 위한 충동의 궤도를 선회하는 처지, 이 모든 상황에서 우리를 구원하시려고 하나님께서 예수님 안에서 행하신 사역을 묘사하는 매우 중요한 비유를 탐구하는 데 집중했다. 하나님께서 어떻게 자신도 "의로우시고" 우리가 그분의 심판대 앞에 설 때에 우리를 "의롭다"고 선언하시는지에 대답하면서, 나는 그 대답을 변화라는 비유에서 찾을 수 있다고, 그리고 실제로 이 비유가 바울 "복음"의 중심에 있는 것이라고 제안했다. 하나님은 그분을 대적한 사람들의 죄를 용서하시고, 세상 모든 사람들의 그룹과(먼저는 유대인, 그다음에는 비유대인과) 화목하고자 하시는 사랑과 헌신의 증표로 그분의 아들 예수 그리스도를 보내셨으며, 우리를 죄의 권세와 자기중심적인 욕망에서 해방하셔서 하나님 앞에서 참으로 의로운 모습으로 살아갈 수 있도록 우리 안에 그분의 성령을 부으셨다.

그러나 우리는 구체적으로 개인주의 문화 속에서, 그리고 (특히) 개신교적 사상과 의식(practices)의 많은 부분을 지배해 온 "개인적인 결정"이라는 종교적인 분위기 속에서 바울을 좀 더 깊이 살펴보아야 한다. 하나님의 개입은 비단 개인의 변화와만 관련 있는 것이 아니다. 하나님의 개입은 하나님을 위한 민족 형성과도 관련이 있다. 바울은 마치 시를 쓰듯이 집합 명사적으로 그리스도의 신부를 언급한다(고후 11:2). 바울은 하나님께서 개인을 변화시키실 뿐만 아니라 공동체 안에 있는 개인, 서로서로 지체인 사람들, 총체적으로 하나님의 구원 행위의 대상인 훨씬 큰 규모에 속한 지체들을 변화시키시는 비전을 표현한다.

1. 낯선 사람이 가족이 되고, 많은 몸이 한 몸이 되는 변화

하나님의 총회로 모이기 위해 부름받은 사람들인 에클레시아(*ekklēsia*)를 언급하기 위해 바울이 사용하는 주요 이미지 두 가지는 "가족"과 "몸"이다. 바울은 독자들이 서로를 대하는 방식을 바꾸고, 이 두 이미지로 다른 많은 꼬리표와 범주를 대체하는 일에 관해 서신에서 상당히 많은 지면을 할애한다. 바울은 "그리스도 안에 있는" 사람들이 만일 계속해서 세상에서의 관계에 따라(낯선 사람, 안면만 있는 사람, 경쟁자, 국외자, 외국인, 다른 인종 등) 서로를 대해 왔다면, 이제는 이상할 수도 있는 방식으로 서로에게 행동하고 반응해야 한다고 이해하기 때문이다. 역으로 말해서, "그리스도 안에" 함께 있게 된 사람들은 예전의 인간관계 범주에 따라 자연히 맞춰진 방식으로는 이제 더 이상 서로에게 행동하고 반응할 수 없다.

그러므로 바울은 하나님이 우리의 관계를 어떻게 변화시키셨는지에 대한 비전을 제시한다. 하나님은 우리를 그분의 가족으로 입양하셨으며, 우리 모두를 한 부모에게 속한 자녀로 삼으셨고, 그분 가족 안에 들어오게 하신 많은 사람들과 형제자매가 되게 하셨다.

> 너희가 다 믿음으로 말미암아 그리스도 예수 안에서 하나님의 아들이 되었으니. (갈 3:26)

> 때가 차매, 하나님이 그 아들을 보내사 여자에게서 나게 하시고

율법 아래에 나게 하신 것은 율법 아래에 있는 자들을 속량하시고 우리로 아들의 명분을 얻게 하려 하심이라. 너희가 아들이므로 하나님이 그 아들의 영을 우리 마음 가운데 보내사 "아빠! 아버지!"라 부르게 하셨느니라. (갈 4:4-6)

복음은 하나님 자녀로 입양되는 것을 포함하는 까닭에, "형제"와 "자매"라는 말은 바울과 같은 기독교 지도자들이 개종자들의 변화된 사회적 현실을 항상 상기시키면서 그들을 부를 때 사용하는 일반적인 호칭이 되었다.[1] 이전에 그들이 세상의 상황과 구조에 근거해서 어떤 관계로 지냈든지에 상관없이, 지금은 서로 매우 가까운 가족이다. 그들 서로 간의 관계와 헌신은 이 새로운 관계적 현실을 반영해야 하고, 그래서 실제로 그들은 변화된 공동체, 즉 하나님의 가족이 될 것이다. 가족으로서 이 공동체는 서로의 필요를 채워 주는 데 마음을 쓰고 용서하며 화목과 회복을 위해 힘쓰고, 서로를 하나님의 동일한 자녀로 존중하고 존경하는 마음으로 대하는 것이 자

---

[1] 적절한 곳에서 성 포괄성을 이루려는 칭찬할 만한 시도이기는 하지만, 일부 번역자들이 친족 명칭인 아델포이(*adelphoi*)를 형제자매 관계의 유대감과 에토스를 떠올리지 않게 하는 용어들로 대체한 것은 유감스럽다. 초기 기독교 저자들은 의도적으로 그러한 에토스를 불러일으키고 이를 장려했는데 말이다. 예를 들어, 새개정표준역(NRSV)은 아델포이를 단순히(그리고 정확히) "형제자매들"보다는 자주 "친구들"(롬 7:4; 고전 14:26, 36; 고후 11:9; 갈 4:12, 28, 31; 5:11; 6:1; 빌 4:21), 또는 "사랑하는 자들"(고전 15:58; 빌 1:12; 3:13; 4:8; 살전 4:10; 5:4, 14, 25; 살후 3:6)이라고 번역했다.

연스러울 것이며, 또 그렇게 하기를 기대하게 된다. 회심하기 전에는 서로 낯선 사람들이거나, 민족적으로 상관이 없던 그룹에 속한 사람들이거나, 경제적인 차이로 나뉘었던 사람들에게 이제는 이렇게 행해야 한다.[2]

그러나 "하나의 가족"이라는 이미지조차 하나님께서 그분 아들을 믿고 하나님의 영에 참여한 사람들 사이에서 일으키고 계시는 변화를 설명하는 과제를 지칭하기에 충분하지 않다. 바울은 서로 간의 가까운 관계를 표현하는 한층 더 급진적인 이미지를 여러 차례 사용했다. 신자들은 하나의 유기체, 즉 그리스도가 머리이신 몸에 속한 지체들이 되었다는 것이다.

> 우리 많은 사람이 그리스도 안에서 한 몸이 되어, 서로 지체가 되었느니라. (롬 12:5)

> 몸은 하나인데 많은 지체가 있고 몸의 지체가 많으나 한 몸임과 같이, 그리스도도 그러하니라. 우리가 유대인이나 헬라인이나 종이나 자유인이나 다 한 성령으로 세례를 받아 한 몸이 되었고, 또 다 한 성령을 마시게 하셨느니라. 몸은 한 지체뿐만 아니

---

[2] 고대 세계에서 형제자매라는 에토스와 바울과 초기 기독교 저술가들이 그리스도인들 사이에 이 에토스를 떠올리게 한 방법에 대한 자세한 내용은 David A. deSilva, *Honor, Patronage, Kinship & Purity: Unlocking New Testament Culture* (Downers Grove, IL: InterVarsity Press, 2000), 165-73, 212-25를 보라.

요 여럿이니, … 너희는 그리스도의 몸이요 지체의 각 부분이라.
(고전 12:12-14, 27)

많은 사람들이 함께 하나의 유기체, 하나의 몸을 형성한다는 이미지는 스토아 철학자들로부터 시작된 것으로 바울에게도 친숙했다. 이 이미지를 통해 스토아 철학자들은 전체 사회의 행복에 기여하기 위한 방식으로 구성되고 훈련받은 개인들 사이의 차이를 이해하는 것과 사람들 사이에는 경쟁보다 협력의 에토스가 필요하다는 것, 이 두 가지를 교육하려 했다. 경쟁은 실제로 오랫동안 개인 차원과 그룹 차원에서 인간 상호작용의 특징이면서도 이 상호작용을 망쳐 왔다. 하나의 몸으로서의 사회적 그룹(사실, 모든 피조물) 이미지는, 사람들이 자신의 번영과 제한된 자원을 누리는 데 타인이 위협이 된다고 보는 시각에서 벗어나, 서로를 번영의 협력자요 기여자로 이해하도록 돕기 위한 것이다. 이 이미지는 실제로 근본적으로 자기 자신의 번영에만 관심 갖지 않고, 모두가 다 번영하는 일에 헌신하게 한다.[3]

---

3   A. A. Long, *Epictetus: A Stoic and Socratic Guide to Life* (Oxford: Oxford University Press, 2002), 21. 이 이미지는 종종 도시의 정치적 통일체에도 적용되어서, 공동의 이익이 없다면 개인적인 이익은 존재하지 않을 것이기에, 공동의 이익을 위해 협력하고 화합하라고 강력히 권고하는 데 사용되었다(David Garland, *1 Corinthians*, BECNT [Grand Rapids: Baker Academic, 2003], 592-94).

바울은 스토아 철학의 사회 윤리의 두 측면을 다 취하여, 교회가 기능하는 모든 영역에서 자신이나 다른 사람들이 기여하는 바를 인정하고 존중하며, 잘 기능하는 몸에서 각기 특별하게 구분되는 지체들로 서로를 여기라고 성도들에게 촉구한다. 바울은 지역의 기독교 공동체와 우주적인 공동체에 이 몸 비유를 적용할 때마다 이 문제를 제기한다.

그[그리스도]가 어떤 사람은 사도로, 어떤 사람은 선지자로, 어떤 사람은 복음 전하는 자로, 어떤 사람은 목사와 교사로 삼으셨으니, 이는 **성도를 온전하게 하여** 봉사의 일을 하게 하며, **그리스도의 몸을 세우려 하심**이라. **우리가 다** 하나님의 아들을 믿는 것과 아는 일에 하나가 되어 온전한 사람을 이루어 그리스도의 장성한 분량이 **충만한 데까지** 이르리니, … 오직 사랑 안에서 참된 것을 하여 범사에 그에게까지 자랄지라. 그는 머리니 곧 그리스도라. 그에게서 온몸이 각 마디를 통하여 도움을 받음으로 연결되고 결합되어 각 지체의 분량대로 역사하여, 그 몸을 자라게 하며 사랑 안에서 스스로 세우느니라. (엡 4:11-13, 15-16)

각 사람에게 성령을 나타내심은 유익하게 하려 하심이라. 어떤 사람에게는 성령으로 말미암아 지혜의 말씀을, 어떤 사람에게는 같은 성령을 따라 지식의 말씀을, 다른 사람에게는 같은 성령으로 믿음을, 어떤 사람에게는 한 성령으로 병 고치는 은사를,

어떤 사람에게는 능력 행함을, 어떤 사람에게는 예언함을, 어떤 사람에게는 영들 분별함을, 다른 사람에게는 각종 방언 말함을, 어떤 사람에게는 방언들 통역함을 주시나니. 이 모든 일은 같은 한 성령이 행하사 그의 뜻대로 각 사람에게 나누어 주시는 것이 니라. 몸은 하나인데 많은 지체가 있고, 몸의 지체가 많으나 한 몸임과 같이, 그리스도도 그러하니라. (고전 12:7-12)

우리 많은 사람이 그리스도 안에서 한 몸이 되어 서로 지체가 되었느니라. 우리에게 주신 은혜대로 받은 은사가 각각 다르니, 혹 예언이면 믿음의 분수대로, 혹 섬기는 일이면 섬기는 일로, 혹 가르치는 자면 가르치는 일로, 혹 위로하는 자면 위로하는 일로, 구제하는 자는 성실함으로, 다스리는 자는 부지런함으로, 긍휼을 베푸는 자는 즐거움으로 할 것이니라. (롬 12:5-8)

적어도 부분적으로, 이 이미지의 요지는 우리 자신의 변화를 위해 우리가 서로에게 의존하고 있다는 것이다. 개인으로나 그룹으로나, 우리는 서로에게 이러한 변화의 과정을 촉진하기 위한 하나님의 메커니즘의 일부다. 만일 우리 변화의 여정에서 인내하고 일관성을 유지하고자 한다면, 우리는 서로가 제공해 주어야 할 그 무엇이 필요하다. 그러므로 우리 각 사람은 무엇을 가지고 있든지 간에, 하나님께서 우리에게 무엇을 주셨든지 간에, 기회가 있을 때마다 몸 안에서 서로에게 베풀어야 한다. 그러면 우리는 변화의 여정에서 인내하고 일관성을 유지할 수 있다.

각 지체가 적절하게 작용하고 있을 때, 즉 우리 각 사람이 하나님이 우리 안에서 양육하시는 대로 변화되어 가고, 다른 사람들의 변화를 위해서 그들을 양육하는 일에 하나님이 우리에게 주신 것을 제공할 때, 그 결과 우리 모두는 변화의 목표와 끝에 조금 더 가까이 이르게 된다. 제자들이 개인적으로 성장하지 않고 공동체가 위축된다면, 그곳은 틀림없이 서로에게 헌신하지 않는 곳일 가능성이 많다. 이것은 다시 한 번 의례적인 사회적 상호작용의 단계를 넘어 서로의 삶에 대한 친밀한 헌신, 믿음의 진보, 삶의 필요가 있는 지점에까지 나아가도록 우리를 밀어붙인다.

바울이 어떤 그룹의 사람들을 지칭하기 위해 한 몸 이미지를 사용했을 때, 그의 방식은 적어도 한 가지 중요한 측면에서 대중적인 스토아 철학자들과는 다르다. 스토아 철학자들은 전체에 생기를 불어넣은 신성한 영혼을 이야기했지만, 바울은 구체적인 인격을 이 "몸"의 "머리"로 인정하는데, 그분이 바로 그리스도시다. 이는 성령 안에서 사는 자신의 경험에 관한 바울의 선언과 사회적 대응을 이룬다. "이제는 **내가** 사는 것이 아니요 오직 내 안에 **그리스도**께서 사시는 것이라"(갈

2:20). 교회에 대한 바울의 비전에서, 그리스도는 각 사람에게 생명을 주시는 것처럼, 몸 전체에도 생명을 주시고 그 몸을 인도하신다. 몸의 여러 지체들은 각자 자신만의 관심사를 추구하거나 자신만의 충동에 따라서만 움직일 수 없다. 그런 일이 일어난다면, 우리는 흉한 발작과 경련을 보게 될 뿐이다. 하지만 한 마음이 주도하고 지시하는 대로 몸이 움직인다면, 몸의 각 부분들이 연합하여 우아한 움직임으로 목적이 있는 행동을 하게 된다.

2. 변화되고 변화시키는 공동체로 살기 위한 바울의 지침

흔히 바울은 이곳저곳에 복음을 전하고, 설교하고, 교회를 세우고, 새로운 사역지를 찾아 이동한 위대한 선교자로 칭송을 받는다. 바울은 이것만으로도 칭송받을 만한 자격이 있지만, 우리는 바울이 여러 교회를 세우고 그 교회의 **목회자**로 사역한 것도 잊어서는 안 된다. 지금까지 남아 있는 바울의 편지들 대부분은 그가 떠나 온 공동체들에 대한 그의 목회적 관심사를 나타낸다. 그는 계속 공동체들에게 지침을 주고 방향을 제시하면서, 그들의 상호작용과 유대감과 증언에 대한 하나님의 비전이라고 그가 믿는 것을 향해 그 공동체들이 계속 나아가기를 바랐다. 그 결과로, 바울은 이 비전을 재구성하기 위한 많은 양의 자료를 남겼으며, 당대의 믿음 공동체 안에서 더 활발히 이루어지기를 그가 계속해서 바랐던 변화에 대해 생각해 볼 수 있는 근거를 우리에게 제공한다.

회복을 위한 개입

이 변화의 여정 중에 있는 각 사람은 하나님의 집 안에서 다른 사람들의 지지와 지도를, 때로는 교정까지도 받아야 한다고 바울은 이해한다. 공동체 안에서 누군가가 하나님의 영이 각 사람 안에서 일으키시는 변화로부터 벗어나기 시작할 때, 동료 신자들은 그에게 도움이 안 되는 행동을 선택할 수도 있다. 그들은 그에게 참견하고 싶지 않다는 구실을 대며 그 문제를 무시할 수도 있다. 그 일에 대해 수군거리면서, 그 일이 매우 끔찍하고 슬프고 창피한 일이라고 동의하고, 공동체가 어떻게 그런 일을 용인할 수 있는지 의아해할 수도 있다. 교묘한 방법으로, 그 사람이 그리스도인 공동체 안에 있는 것을 불편해하도록 만들 수도 있다. 이러한 태도는 그 사람이 제자리로 돌아오는 데 하나도 도움이 되지 않는다. 그래서 바울은 이렇게 충고한다.

형제자매 여러분, 어떤 사람이 어떤 죄에 빠진 일이 드러나면, 성령의 인도하심을 따라 사는 사람인 여러분은 온유한 마음으로 그런 사람을 바로잡아 주고, 자기 스스로를 살펴서, 유혹에 빠지지 않도록 조심하십시오. 여러분은 서로 남의 짐을 져 주십시오. 그렇게 하면 여러분이 그리스도의 법을 성취하실 것입니다. (갈 6:1-2, 새번역)

바울은 이 변화되었고 변화시키는 공동체, 즉 교회 안에 있는 사람들에게 권하기를, 같은 집에서 성장한 자기 가족에게라면 자연스럽게 행할 일을 하라고 말한다. 겸손과 온유와 긍휼함으로 옷 입고 그 사람에게 다가가서, 그가 행한 일에 대해 이야기하게 될 텐데, 이는 그 사람과 그에게 일어난 일을 깊이 염려하기 때문이다. 주님 안에서 그 일이 자신의 유익을 위해 자신이 가장 바라는 일과 정말로 일치하는지, 또는 하나님께서 그의 삶에서 행하기를 바라시는 것과 정말로 일치하는지를 점검해 보도록 그에게 요청할 수도 있다.

이와 같은 행동으로, 잘못된 길을 가고 있는 형제나 자매가 자신의 행동 배후에 무엇이 있는지를 말할 수 있는 기회를 얻을 수도 있고, 그 사람을 지배하고 있는 힘을 제거함으로써 하나님이 어떤 방법으로든지 그를 치유하시는 과정을 시작하시도록 기회를 열어 줄 수도 있다. 그 형제나 자매는 그 상황을 자기 홀로 직면하고 있지 않음을 알게 될 것이다. 바울은 믿음의 가정 안에 있는 구성원들에게 그들도 다른 형제나 자매처럼 죄를 범하거나 실수할 수 있음을 기억하라고 지혜롭게 충고한다. 그래서 실수를 범한 형제나 자매를 대할 때는 적절한 "관용" 또는 "온유함"을 가져야 한다(갈 6:1).[4] 이런 개입이 항상 성공할 수는 없을 것이다. 하지만 그러한 죄로부터, 그리고 그가 죄에 빠지도록 압박하는 것들로부터 그를 구해 낼 기회를 갖는 것은 그의 회복을 위해 개입하는 데 상당히 큰 도움이 된다.

사람들을 제자리로 회복시키려고 간섭하거나 노력하지도 않고, 계속해서 자기 육체를 위해 심거나 파괴적인 방식으로 살아가도 되는 장소로 교회를 여기게 해서는 안 된다. 알코올 중독자 갱생회(Alcoholics Anonymous, 1935년 미국 시카고에서 시작된 금주 모임-역주)를 누구든지 간섭받지 않고 계속해서 술을 마실 수 있는 곳으로 여기지 않는 것처럼 말이다. 사람들은 금주를 위해 알코올 중독자 갱생회에 간다. 그리스도인들은 자기만을 위해 사는 삶을 그만두기 위해, 자기중심적 충동에 굴복하는 삶을 멈추기 위해, 교회 안에 모인다. 우리가 올바른 길에서 벗어나지 않으려면, 때로는 반갑지 않은 간섭도

---

[4] 그리스어 프라위테스(*praütēs*)는 어떤 상황을 대할 때 가혹해지지 않는 것, 다른 사람을 배려하기 때문에 자기가 원하는 대로 모든 힘을 다 쓰지 않는 것이라는 의미를 전달한다. Walter Bauer, Frederick Danker, et al., *A Greek-English Lexicon of the New Testament and Other Early Christian Literature*, 3rd ed. (Chicago: University of Chicago Press, 2000), 861, col. 1을 보라.

받아야 한다. 이것이 우리의 삶에 성령님이 개입하시는 중요한 현장이다.

화해를 우선순위에 두기

나를 부당하게 대우했다고 생각되는 사람에게 원한을 품는 것은 인간의 자연스러운 성향이다. 오래전에 실제로 해를 당했거나 아니면 해를 당했다고 생각해서, 서로 말도 안 하고 교류하지도 않는 이웃, 가족, 교회 성도에 대한 이야기들이 많이 있다. 바울은 그리스도인 공동체는 용서의 공동체, 화해의 공동체가 되어야 한다고 믿었다.

하나님의 성령을 근심하게 하지 말라. 그 안에서 너희가 구원의 날까지 인 치심을 받았느니라. 너희는 모든 악독과 노함과 분냄과 떠드는 것과 비방하는 것을 모든 악의와 함께 버리고 서로 친절하게 하며 불쌍히 여기며 서로 용서하기를 하나님이 그리스도 안에서 너희를 용서하심과 같이 하라. (엡 4:30-32)

누가 누구에게 불만이 있거든 서로 용납하여 피차 용서하되, 주께서 너희를 용서하신 것같이 너희도 그리하고[서로 용서하라]. (골 3:13)

이는 서로에게 상처 준 일을 눈감아 주라고 그리스도인들에게 권하는 것이 아니다. 바울은 그리스도인들이 그 상처가 곪아 터지도록 놔두는 것도 허용하지 않았을 것이다. 교회 안에서 서로 다른 방식으로 일이 처리되기를 원하다가 울화통을 터뜨리는 사람들도 있을 것이다. 하지만 이런 일로 골이 생기게 놔둘 수는 없다. 용서하지 않음은 그리스도의 몸의 암 덩어리이기 때문에, 최대한 조심해서, 그리고 신속하게 제거해야 한다.

때때로 우리는 화해 과정이 진척되도록 도와야 한다. 때로는 우리 자신이 화해하는 데 도움을 받아야 할 때도 있다. 제3자로서 해야 할 일은, 편을 들지 말고, 한쪽을 비난하면서 다른 한쪽을 지지하지 말고, 누가 옳고 누가 그른지를 두고 그들 사이에서 싸움을 시작하지 않는 것이며, 그 대신에 서로 화해하도록 돕는 것이다. "내가 유오디아를 권하고 순두게를 권하노니, 주 안에서 같은 마음을 품으라. 또 참으로 나와 멍에를 같이한 네게 구하노니, 복음에 나와 함께 힘쓰던 저 여인들을 돕고, 또한 글레멘드와 그 외에 나의 동역자들을 도우라. 그 이름들이 생명책에 있느니라"(빌 4:2-3). 바울은 유오디아와 순두게의 틀어진 사이에 직접 개입하고, 이름을 밝히지 않은 "충성된 동역자"에게도 그들을 도와 화해의 자리에 이르게 하라고 부탁한다.⁵ 모든 교회에서, 분노를 품고 용서하지 않는 형제자매들이 그 분노를 버리고 서로 화해하도록 도울 수 있는 "충성된 동역자"가 바울에게는 여전히 필요했다.

가족처럼 공유하기

초대교회는 그 구성원들끼리 재산을 자유롭게 공유한 것으로 잘 알려져 있다. 그리스도인들은 가지고 있는 물건을 필요한 대로 통용했다. 이는 마치 가장 가까운 가족이나 가장 친한 친구들 사이에서나 볼 수 있을 만한 일이었다(예를 들어, "친구는 모든 것을 공동으로 소유한다."라는 아리스토텔레스의 유명한 금언에서 보듯이).⁶

예루살렘의 그리스도인들이 엄청난 경제적 빈곤 상태에 있을 때, 바울은 예루살렘 교회를 구제하기 위해 대부분 이방인들로 구성된 여러 교회에서 연보를 모았는데, 이 연보는 그들의 변화된 관계를 표현하는 것이기도 하다. 유대인들과 이방

---

5 몇몇 학자들은 "충성된 동역자"(loyal partner)라고 번역된 그리스어 단어 시지고스(syzygos)가 실제로는 어떤 사람의 이름이었다고 제안한다. 어린 소녀들이 유오디아와 순두게 같은 이름을 가졌던 세계에서, 부모가 가난한 사내아이에게 시지고스라는 이름을 지어 주었다는 것은 얼마든지 가능한 일이다. 하지만 성경 외적인 자료에서 '시지고스'가 사람 이름으로 사용되었음을 암시하는 증거는 발견되지 않았다. 이 단어가 문학 작품 여러 곳에서 일부 노동자의 동료나 동역자를 지칭하거나 묘사하기 위해 자주 사용되었기는 하지만 말이다(Bauer, Danker, et al., *Greek-English Lexicon*, 954, col. 2를 보라).
6 Aristotle, *Nicomachean Ethics* 8.9.1 (1159b31-32).

인들은 이제 하나의 가족이 되었으며, 서로를 대할 때 가족처럼 행동한 것이다. 바울이 보기에 이것은 "그리스도의 복음에 대한 믿음의 고백에 따르는 순종"의 증거였다(고후 9:13).

> 이는 다른 사람들은 평안하게 하고 너희는 곤고하게 하려는 것이 아니요 균등하게 하려 함이니, 이제 너희의 넉넉한 것으로 그들의 부족한 것을 보충함은 후에 그들의 넉넉한 것으로 너희의 부족한 것을 보충하여 균등하게 하려 함이라. 기록된 것같이, "많이 거둔 자도 남지 아니하였고 적게 거둔 자도 모자라지 아니하였느니라." (고후 8:13-15, 출애굽기 16:18 인용함)

만나를 거둔 이야기를 바울이 언급한 것은 무척 중요하다. 광야에서 방황하고 있을 때, 하나님은 백성의 **일상적인** 필요를 위해 만나를 공급하셨다. 그날에 필요한 것 이상으로 거두어 비축해 둔 것에는 다음날이면 벌레가 생겼다(출애굽기 16:14-21을 보라).

바울은 개종자들에게 그들의 재물에 대해 본질적으로 이와 같은 관점을 가지라고 권한다. 오늘날 전 세계적으로 교회가 거둬들이는 모든 헌금은 전체로서의 교회의 필요를 위한 것으로, 하나의 큰 식탁에 둘러앉은 하나의 큰 가족으로서 지구 공동체를 위해 사용되어야 하며, 내일이나 내년이나 은퇴한 후에 하게 될 개인적인 소비를 위해 비축해 두어야 할 것이 아니다. 내가 생각하기에, 우리가 재물에 대해 이와 같은 관점을 편하게 가질 수 없는 유일한 이유는, 바울이 말한 대로 (많이 모아들인) 우리가 오늘 교회의 필요를 채워 준다고 해서, 그 방식 그대로 보편 교회가 내일 우리의 필요를 채워 줄 것이라고 신뢰할 수 없기 때문이다. 이 주제를 충분히 다루는 것은 본서의 범위를 넘어서는 것이기는 하지만, 우리의 자원으로 구제될 수 있는 필요를 가진 형제자매들에게 그 자원을 나누어 줄 때 우리의 사랑을 현실적으로 드러낼 수 있다고 말하면 충분할 것이다. 그렇게 할 때 하나님의 **가족**이라는 개념이 그들에게 실제적으로 여겨진다. 바울은 하나님께서 그러한 방향으로 전 세계 기독교 공동체를 변화시켜 나가시도록 해야 한다고 우리에게 요구한다.

서로에게 투자하고 서로를 격려하기

대체적으로 사람들이 피상적인 대화만 나누는 세상에서, 바울은 교회는 이들과 달라야 한다고 촉구한다. 데살로니가전서에서 바울은 개종자들에게 그들이 공유하는 믿음과 비전에 근거해서, 그리고 그에게 배우고 양육받은 대로, 서로 격려하기를 계속하라고 두 번이나 부탁한다. 기독교적 소망이 성취되는 것을 보지 못하고 죽은 형제와 자매들로 인해 슬프지만,

바울은 그리스도가 강림하실 때 죽은 자들과 살아 있는 자들이 어떻게 부활 생명에 참여하게 될 것인지에 관해 말한다. 그는 "그러므로 이러한 말로 서로 위로하라"(살전 4:18)라고 결론 내린다. 이와 비슷하게, 그는 데살로니가 성도들에게 하나님을 마주하게 될 것을 예상하는 사람들로서 깨어 있어야 하며 그러한 사람으로 살아가는 것이 중요함을 상기시키고, 이렇게 마무리한다. "그러므로 피차 권면하고 서로 덕을 세우기를 너희가 하는 것같이 하라"(살전 5:11).

바울은 그리스도 안에서 우리가 가지고 있는 약속과 소망을 서로 강화하는 공동체가 되어야 한다고 교회에 촉구한다. 이는 우리가 개인적으로 이 약속들을 더 잘 보고, 이 약속들을 **위해서**, 그리고 그 소망 **안에서** 살아가기 위함이다. 제자도 문제에서 세상과 타협하고 변화의 여정에서 곁길을 택하는 경우가 많은 까닭은 우리가 다른 약속들로 말미암아 산만해지고 다른 소망으로 우리의 갈망을 만족시키려 하기 때문이다. 그리고 우리 주변에 있는 세상은 우리의 노예 상태에 대한 값으로 그 소망들을 우리 눈앞에 계속 흔들려고 한다. 바울이 말한 공동체가 되는 것은 서로에게 투자하는 것을 의미한다. 이 일은 시간이 걸리고, 정직함이 필요하고, 하나님 가족 안에서의 인간관계를 우선순위로 취하기 때문이다.

자기중심적 권리 주장에서 타인 중심적 절제로 이동하기

성령님께서 만들기 원하시는 공동체에 관한 바울의 이해에 대해 일반적으로 서양 문화권에 있는 사람들, 특별히 미국 문화 속에서 교육받은 사람들이 매우 의아하게 여기는 부분들이 있다. 서양 사람들은 인간이 행할 '권리', 즐길 권리, 소유할 권리 등에 매우 익숙하다. 우리는 우리의 권리를 침해하는 모든 것을 못 견뎌 하는 경향이 있다. 자기중심적 체계인 '권리'와 타인 중심적 체제인 '의무' 사이에는 갈등이 내재한다.

바울은 일부 성도가 자신에게는 어떤 행동을 하고 어떤 사회적인 상호작용을 즐길 권리가 있다고 주장하는 상황을 교회 안에서 직면했다. 이 문제는 집주인이 우상에 제물로 바쳤던 짐승의 고기로 대접을 하는 저녁식사나 잔치에 참석하는 것과 주로 관련이 있었다. (도시의 시장에서 파는 대부분의 고기는 그 지역의 성전이 정육점에 판매한 것으로서 제물로 쓰인 것들이다.) 하지만 그리스도인들 중에는 이런 관습에 심각한 양심의 가책을 느끼는 사람들이 있었다. 그들 자신이 "우상 숭배자였다가 돌아서고 있는" 중이었기 때문이다. 동료 그리스도인들이 우상에게 바쳐진 고기를 먹는 것을 보자 그들은 양심에 상처를 받았다. 하지만 동료 그리스도인들의 모습과 비웃음 때문에 그들도 양심이 허용하려는 것 이상으로 행동하고 싶은 유혹을 받았던 것 같다.

"모든 것이 다 허용된다"고 사람들은 말하지만, 모든 것이 다 유익한 것은 아닙니다. "모든 것이 다 허용된다"고 사람들은 말하지만, 모든 것이 다 덕을 세우는 것은 아닙니다. 누구든지 자기의 유익을 구하지 말고, 남의 유익을 구하십시오. … 여러분은 유대 사람에게도, 그리스 사람에게도, 하나님의 교회에도, 걸림돌이 되지 마십시오. 나도 모든 일을 모든 사람의 마음에 들게 하려고 애씁니다. 그것은, 나 스스로의 이로움을 구하지 않고, 많은 사람들의 이로움을 구하여, 그들이 구원을 받게 하려는 것입니다. (고전 10:23-24, 32-33, 표준새번역)

그러므로 이제부터는 서로 남을 판단하지 마십시다. 형제자매 앞에 장애물이나 걸림돌을 놓지 않겠다고 결심하십시오. 내가 주 예수 안에서 알고 또 확신하는 것은 이것입니다. 무엇이든지 그 자체로 부정한 것은 없고, 다만 부정하다고 여기는 그 사람에게는, 그것이 부정한 것입니다. 여러분 각자가 음식 문제로 형제자매의 마음을 상하게 하면, 그것은 이미 사랑을 따라 살지 않는 것입니다. 음식 문제로 그 사람을 망하게 하지 마십시오. 그리스도께서 그 사람을 위하여 죽으셨습니다. … 그러므로 우리는 서로 평화를 도모하는 일과, 서로 덕을 세우는 일을 힘씁시다. 음식 때문에 하나님의 일을 무너뜨리지 마십시오. 모든 것이 다 깨끗합니다. 그러나 어떤 것을 먹음으로써 남을 넘어지게 하면, 그러한 사람에게는 그것이 해롭습니다. 고기를 먹는다든가, 술을 마신다든가, 그 밖에 무엇이든지, 형제나 자매를 걸려 넘어지게 하는 일은, 하지 않는 것이 좋습니다. (롬 14:13-15, 19-21, 표준새번역)

바울은 어떤 특정한 경험을 즐기거나 특정한 행위에 참여하는 것이 그리스도인의 **권리**인지 아닌지에 대해서는 논의하지 않는다. 동료 그리스도인들이 불편해할 수도 있는 많은 일을 혹시 우리가 행하더라도 하나님은 그것을 불편해하지 않으신다는 것을 인정하자. 하지만 바울은 우리가 권리를 누리거나 행사하는 것이 그리스도의 몸인 공동체의 최상의 가치가 아니라고 주장한다. 그 대신에, 우리 행동이 주변에 있는 형제자매들에게 어떤 영향을 미치는지를 헤아리고 그들의 필요를 가장 잘 채워 줄 수 있는 일을 행하기로 선택하는 것이 최상의 가치이다.

만일 그리스도가 참으로 신자 개개인 안에서 활동하신다면 그리스도의 마음이 그분 몸의 다양한 지체들의 행동으로 분명히 드러나야 한다는 확신 때문에 바울은 성도들에게 이런 지침을 준다. 그 마음은 다른 사람을 섬기고 특별히 다른 사람을 위한 하나님의 목적에 봉사하기 위해 자신의 권리와 주장을 포기하는 일에 초점이 맞춰졌다. 바울은 빌립보에 있는 친구들에게 보낸 편지에서, 다른 사람과의 관계에서 그리스도의 태도를 품으라고 권고한다. 그리스도께서 친히 보이신 모범(빌 2:5-11)이 바울의 조언을 뒷받침한다. "아무 일에든지 다툼이나 허영으로 하지 말고 오직 겸손한 마음으로 각각 자기보다 남을 낫게 여기고, 각각 자기 일을 돌볼뿐더러 또한 각각 다른 사람들의 일을 돌보아, 나의 기쁨을 충만하게 하라"(빌 2:3-4).

우리가 하고 싶어 하는 모든 일과 우리가 중요하다고 생각하는 많은 일들보다 다른 그리스도인의 믿음의 여정을 우선하는 것이 겸손한 모습이다. 자만심이 불화와 증오를 부추기는 곳에서 화해를 추구하는 것이 겸손한 모습이다. 이는 우리의 권리를 확보하기보다 다른 사람의 평화를 위해 그의 이익에 관심을 갖는 것이며, 우리의 미래 필요에 대비해서 비축해 두기보다 다른 사람들의 현재 필요를 위해 우리의 자원을 투자하는 것이다. 그리스도께서 우리 각 사람 안에서 활동하실 때, 신앙 공동체는 그리스도의 마음으로 조화롭게 움직여 모든 기능이 바르게 작동하는 그리스도의 몸으로 변화된다. 이것은 은혜의 수단이 되어 우리 각 사람이 변화의 여정에 인내하도록 돕고, 마침내 우리는 우리 안에서 그 형상을 이루신 의로우신 분과 같은 모습으로 하나님 앞에 서게 될 것이다.

민족 간의 장벽, 계급, 신분제, 성 차별 깨뜨리기

인간 사회는 경계와 내부 계급과 질서를 규정하기 위해 많은 선을 긋는다. 2006년에 우리 가족은 독일에 가서 1년간 생활한 적이 있다. 어린 두 아들은 난생처음 비행기를 탔다. 막내는 미국의 여러 주들이 실제로는 우리 집에 걸려 있는 지도처럼 다른 색깔들로 칠해져 있지 않은 것을 보고 놀라워했다. 하늘에서 보니, 그리고 내가 하나님의 보좌에서 본다고 생각해 보니, 주(州)와 주(州), 나라와 나라 사이의 경계들은 실제로 표시되어 있지도 않고 중요하지도 않다. 그 경계들은 "우리"를 구성하는 사람들이 누구인지, "그들"을 구성하는 사람들이 누구인지, 누가 친구이고 누가 적인지, 누가 평등하고 누가 열등하거나 심지어는 우월한지에 대한, **우리가** 그린 지도와 **우리의** 정신적인 관념들에 중요할 뿐이다.

교회는 하나님이 그으시는(그리고 지우시는) 선을 따라 서로 귀하게 여기고 반응하는 곳이어야 하며, 우리가 사회에서 교육받은 관점에 따라 서로를 대하는 곳이 되어서는 안 된다는 사실을, 바울은 단호히 주장한다. 그리스도인들이 일차적인 세상으로서 거주하는 곳은 어느 땅인가? 예를 들어, 우선적으로 우리는 지구에 표시되어 있는 미국의 국경 안에서 다른 미국인들과 더불어 살아가는 미국인인가? 아니면 우선적으로 우리는 지구 곳곳에 살고 있으면서, 하나님 보시기에 하나의 주권 국가를 구성하는 다른 그리스도인들과 함께 살아가는 그리스도인인가?

1세기 유대인과 비유대인 사이에는 서로 간에 편견과 적대감이 대단히 많이 있었다. 유대인은 비유대인을 본성상 무지하고 불경건한 사람들, 그리고 죄인들이라고 여겼다. 수백 년간 이방인들이 이스라엘을 지배한 것도 도움이 되지 못했다. 이방인들은 유대인들이 너그럽지 못하고, 미신적이고, 다른 민족의 신들에게 불경스럽고(아이러니하게도 "무신론"이라는 말은 유대인 공동체에 가해진 비난이다), 극단적으로 오만하다고 여겼다. 그리스 문화의 여러 측면에 감탄한 유대인들, 그리고 유대인들의 엄격함과 도덕성에 경탄한 비유대인들이 있었던 것도 사실이지만, 그런 사람들은 거의 예외적이다.[7]

그러므로 바울은 하나님이 그리스도 안에서 이러한 관계들

---

[7] 이 주제에 대해 유익한 저술들은 다음과 같다. Emilio Gabba, "The Growth of Anti-Judaism or the Greek Attitude towards Jews," in *The Cambridge History of Judaism*, ed. W. D. Davies and Louis Finkelstein, vol. 2, *The Hellenistic Age* (Cambridge: Cambridge University Press, 1989), 614-56; J. M. G. Barclay, *Jews in the Mediterranean Diaspora* (Edinburgh: T&T Clark, 1996), 181-228, 361-80. 바클레이(Barclay, *Mediterranean Diaspora*, 402-44)도 실질적으로 차이점을 강조하고 그럼으로써 분노를 촉발한 이런 요소들을 전면에 부각하는 디아스포라 유대인의 삶을 간략히 제시한다. 고대의 반유대교와 친유대교에 대한 포괄적인 자료집은 Louis H. Feldman and Meyer Reinhold, eds., *Jewish Life and Thought among Greeks and Romans* (Minneapolis: Fortress, 1996)이다. 헬레니즘 시대와 로마 시대에 유대인과 이방인 사이의 상호 편견에 대한 개괄적인 설명은 David A. deSilva, *Apocrypha* (Core Biblical Studies; Nashville: Abingdon, 2012), 95-108을 참조하라.

을 근본적으로 변화시키기 위한 일을 행하신다고 보았다. (바울이 믿기에) 하나님께서 이 새 백성 곧 교회 안에서 행하려 하시는 것을 옛 편견과 경계들이 굽게 할 수 없음을 확실히 하기 위해 바울은 사역하는 내내 힘써 싸웠다.

> 그는 우리의 화평이신지라. 둘로 하나를 만드사 원수 된 것 곧 중간에 막힌 담을 자기 육체로 허시고, 법조문으로 된 계명의 율법을 폐하셨으니, 이는 이 둘로 자기 안에서 한 새사람을 지어 화평하게 하시고, 또 십자가로 이 둘을 한 몸으로 하나님과 화목하게 하려 하심이라. 원수 된 것을 십자가로 소멸하시고. (엡 2:14-16)

교회는 적대적인 그룹들 간의 관계 변화를 위한 장소, 곧 둘 사이의 적대감이라는 벽이 허물어지고 새롭게 연합된 공동체가 창조되는 곳이었다. "너희도 성령 안에서 하나님이 거하실 처소가 되기 위하여 그리스도 예수 안에서 함께 지어져 가느니라"(엡 2:22). 바울이 안디옥에서 베드로를 꾸짖고(갈 2:11-14) 갈라디아 교회가 이 경계를 다시 도입하려는 것을 반대한 상황의 배후에는, 바로 그리스도의 한 몸 안에서 올바르게 변화된 이 경계를 보고자 하는 마음이 있었다. 이 하나 됨은 종교적이고 사회적인 분야에 중요한 변화가 일어났음을 보여 주는데, 유대인들은 자신을 다른 민족들로부터 구별하는 경계선에 대해 성경의 권위를 주장할 수 있었기 때문이다.[8]

또한 바울은 사회적으로 결정된 역할들과 사람들을 차별하기 위한 구분선에 의문을 제기하고, 하나님께서 새 공동체 안에서 이러한 관계들을 변화시키려 하신다고 단언한다.

> 유대 사람도 그리스 사람도 없으며, 종도 자유인도 없으며, "남자와 여자"가 없습니다. 여러분 모두가 그리스도 예수 안에서 하나이기 때문입니다. (갈 3:28, 새번역)

> 거기에는 그리스인과 유대인도, 할례받은 자와 할례받지 않은 자도, 야만인도 스구디아인도, 종도 자유인도 없습니다. 오직 그리스도만이 모든 것이며, 모든 것 안에 계십니다. (골 3:11, 새번역)

노예 노동력은 로마 경제의 기반이었다. 아리스토텔레스가 노예를 정의한 용어를 빌리면, 로마에 살고 있는 사람 중에

---

[8] 정결한 동물과 부정한 동물을 구별하는 유대인 의식은 하나님께서 사용하시고 교제하실 만큼 정결한 이스라엘과, 하나님과 교제하기에는 부정하고 적합하지 않은 나머지 민족들을 구별하시는 하나님의 행위를 반영하는 것으로 이해되었다(레 20:22-26). 실제로 이스라엘에게 "내가 거룩하니 너희도 거룩하라"라고 하신 명령(레 11:44. 참조, 레 11:45; 19:2; 20:7)에는 하나님이 "너희를 만민 중에서 구별"했다고 선언하시고(레 20:24) 직접 만들어 놓으신 경계를 이스라엘이 준수해야 한다는 의미가 포함된다.

서 다섯 명 중 한 명꼴로(로마제국 전체로는 비율이 더 높다) "살아 있는 도구"의 범주에 속했는데, 이들은 태어날 때부터 노예였든지, 부채로 인해 노예로 팔렸든지, 무력 정복이나 폭동 진압으로 인해 노예가 된 사람들이다.[9] 하지만 노예였다가 해방된 조지 티모(George Teamoh)가 자서전 제목을 *God Made Man, Man Made the Slave*(하나님은 사람을 만드셨고, 사람은 노예를 만들었다)라고 붙였듯이,[10] 그리스도의 새 공동체 안에서 사람들은 다른 사람들이 낙인찍은 대로 서로를 보지 않고, **하나님**이 창조하셨고 **재**창조하고 계시는 존재로 서로를 보고 서로를 용납할 것이다.

바울은 빌레몬에게 보낸 편지에서 한 공동체와 한 가정을 강조한다. 만일 빌레몬이 하나님 집안에서 아들로서의 정체성에 맞게 행동하고자 한다면, 하나님의 집안에서 아들로 태어난 오네시모 역시 더 이상 빌레몬의 집에서 종으로 여겨지거나 그런 취급을 받아서는 안 된다는 의미다.

---

9 Everett Ferguson, *Backgrounds of Early Christianity*, 2nd ed. (Grand Rapids: Eerdmans, 1993), 56. 아리스토텔레스의 정의는 그의 *Politics*, 1.4 (1253b27-33)에서 가져왔다.

10 F. N. Boney, Richard L. Hume, and Rafia Zafar, eds., *God Made Man, Man Made the Slave: The Autobiography of George Teamoh* (Macon, GA: Mercer University Press, 1992), 100.

그가 잠시 동안 그대를 떠난 것은, 아마 그대로 하여금 영원히 그를 데리고 있게 하려는 것이었는지도 모릅니다. 이제부터 그는 종으로서가 아니라, 종 이상으로, 곧 사랑받는 형제로 그대의 곁에 있을 것입니다. 특히 그가 나에게 그렇다면, 그대에게는 육신으로나 주 안에서나, 더욱 그렇지 않겠습니까? (몬 15-16, 표준새번역)

오네시모의 처지에 관해서 자세한 내용은 알 수 없다. 분명한 것은 바울이 빌레몬에게 주 안에서의 형제라는 새로운 관계로 살아가고 세상의 경제적 원리에 따라 주인과 종이라는 옛 관계로 살지 말라고 요구했다는 사실이다.

바울은 이러한 비전에 근거해서 우리의 회중을 살펴보라고 요구한다. 변화된 공동체가 되라는 소명대로 살아가는 교회는 인종 그룹 사이에, 다른 나라 국민들 사이에, 고용주와 노동자 사이에, 전문직 종사자와 임시직 종사자 또는 실직자 사이에, 피한객(북미의 혹한을 피해 따뜻한 지방으로 내려온 부유한 사람들-역주)과 노숙자 사이에 그어진 선보다, 하나님이 예수님께 속한 사람들 주위로 둘러 그려 놓으신 원을 더 비중 있게 여기는 공동체가 될 것이다. 교회는 세상 속 지위와 가치에 근거해서 평가하는 것이 아니라, 전적으로 예수님 안에서의 자기 정체성에 따라, 하나님 가족 안에서의 자기 자리에 따라,

그리고 자신과 교회와 세상 안에서 지속되고 있는 변화의 사역에 기여한 바에 따라 각자 존중받는 (그리고 그렇게 존중받는 경험을 누리는) 대안 공동체가 될 것이다.

그래서 바울은 그리스도인들에게 서로를 존중하고, 일시적이고 세상적인 지위와 환경에 근거해서 그리스도 안에 있는 형제자매들을 부끄럽게 하지 않도록 특별히 보살피라고 촉구한다(롬 12:10, 16; 고전 11:20-22). 그런 공동체에 속한 구성원들은 자신의 집을 방문한 라틴 아메리카 출신 가족들이 불법 체류자가 아닌지 의심하며 그들을 대하지는 않을 것이며 오히려 그들을 그리스도 안에서 한 가족으로 품을 것이다. 그런 공동체는 하나님께서 남자를 통해서뿐만 아니라 여자를 통해서도 강력하고 의미 있게 일하실 수 있음을 기대할 것이다. 우리가 (인종, 민족, 국가, 사회경제적 배경과 상관없이) 그리스도 안에 있는 하나님의 백성들 사이에서 적대감이라는 장벽을 넘어 이 화해를 추구하지 않는다면 하나님의 변화시키시는 능력을 온전히 경험할 수 없다.

당파심 몰아내기

바울은 그리스도인의 하나 됨을 추구했다. 이것은 교파들이 난립하기 전에도 분명히 큰 도전이었다. 나는 꽤 오랫동안 감독교회, 하나님의성회, 루터교회, 연합감리교회 등 전혀 다른 네 교파의 교회들에서 사역했다. 이들 교파 가운데 어느 **하나만** 진정한 하나님의 교회라고 말할 수 없다. 내가 **말할 수 있는** 것은 이 각각의 교파 안에서 말씀이 충실하게 설교되었고, 은혜의 수단이 적절히 제공되어 누구나 그 은혜를 접할 수 있었으며, 하나님은 공동체의 많은 사람들 안에서 또 그들을 통해서 일하셨다는 사실이다(몇몇 사람들이 하나님의 사역을 방해하는 경우도 있었지만). 나는 각 교파에 속한 교회들이 복음을 굳게 잡고 있었다고 **말할 수 있다**. 그 복음에 **연결된** 핸들의 위치는 다 달랐지만 말이다. 각 교파에 속한 교회들은 각각 예배와 제자훈련과 섬김이라는 분명한 측면을 반영했다.

바울이 교파주의에 휩싸인 현대의 상황에 어떻게 대처할지 정확히 알기는 어렵다. 하지만 바울이 사역하는 동안에도 사람들에게는 저마다 좋아하는 설교자들이 따로 **있었으며**, 적어도 주요 교파가 두 개는 존재했다. 토라를 준수하지 않는 사람들을 받아들이지 않은 유대인-기독교 교회, 그리고 더 이상 하나님 백성을 율법 준수라는 기준으로 정의하지 않는, 유대인 그리스도인과 이방인 그리스도인과 여러 민족이 혼합된 교회가 있었다. 바울은 막 시작된 두 부류의 교파주의를 **모두** 반대했다. 예를 들어, 고린도교회 신자들은 저마다 선호하는 설교자나 교사들을 두고 매우 당파적인 경향을 드러냈으며, 그 경향에 근거해서 교회 안에 하위 조직이 생겨나거나 분열이 일어났다.

너희가 각각 이르되, "나는 바울에게", "나는 아볼로에게", "나는 게바에게", "나는 그리스도에게 속한 자라" 한다는 것이니, … 너희는 아직도 육신에 속한 자로다. 너희 가운데 시기와 분쟁이 있으니, 어찌 육신에 속하여 사람을 따라 행함이 아니리요? 어떤 이는 말하되, "나는 바울에게 속했다"라고 하고, 다른 이는 "나는 아볼로에게 속했다"라 하니, 너희가 육의 사람이 아니리요? 그런즉 아볼로는 무엇이며 바울은 무엇이냐? 그들은 주께서 각각 주신 대로 너희로 하여금 믿게 한 종들이니라. (고전 1:12; 3:3-5)

19세기 후에 상황은 상당히 더 복잡해졌다. 하지만 지금도 여전히 매우 기본적으로 이와 비슷한 소리를 들을 수 있다. "나는 웨슬리파야." "나는 루터파야." "나는 칼뱅파야." 그리고 다른 모든 사람을 압도하려고 잘난 척하는 사람은 "나는 그리스도파야."라고 외친다. 교파는 선한 것일 수 있다. 하지만 교파적 **당파심**은 그렇지 않다. 우리가 속한 교파의 방법들을 하나님 보시기에 더 좋은 것으로, 더 적법한 것으로 주장하고 싶은 충동은 매우 기본적이고 인간적인 충동이다. 하지만 그 충동은 성령이 아니라 육체에서 나온다. 그 대신에, 우리는 다른 사람들이 놓쳤을 수도 있는 복음의 측면, 그리스도 안에서의 삶의 측면, 하나님 선교의 측면들을 그리스도의 몸에 속한 다른 지체들이 발견하고 다른 지체들을 위해 보존하고 있다는 사실에 감사하기를 배울 수 있다. 겸손하게 우리는 "지금은 거울로 보는 것같이 희미하"지만, 죽음의 저편에서, 그리고 심판의 날인 "그때"에야 비로소 "얼굴과 얼굴을 대하여 볼 것"이라는 사실을 기억할 수 있다(고전 13:12).

외부 사람들이 보기에 교파주의 당파심은 교회의 영광을 가로막는 오점이다. 스리랑카 동료와 나는 수많은 경쟁적인 교단들과 소규모 기독교 단체들의 존재가 교회의 복음 전도 사역을 막는 장애물이라는 데 십분 공감했다. "당신들이 전하는 메시지에 대해 당신들 안에서도 의견이 분분한데, 왜 우리가 우리 부모님의 종교를 떠나라는 당신들의 말에 귀를 기울여야 하죠?" 이와 비슷한 증언들을 미국 내 지역사회에서도 들을 수 있다.

연약한 인간인 우리가 우리 마음에 수용할 수 있는 것 이상으로, 하나님은 훨씬 다양한 의식이나 관행(practice)을 용인하신다는 사실을 우리는 인정해야 한다. **우리**는 반드시 옳아야 하고, 우리와 다르게 행하는 사람들은 **틀려야만** 한다. 유아 세례를 주는 사람들, 반면에 스스로 믿음의 고백을 할 수 있을 때 물세례를 주는 것이 옳다고 하면서 유아 세례를 하지 않는 사람들. 둘 다 옳지 않은 걸까? 둘 다 옳을 수 있을까? 바울은 이렇게 쓴다.

> 어떤 사람은 모든 것을 먹을 만한 믿음이 있고, 믿음이 연약한 자는 채소만 먹느니라. 먹는 자는 먹지 않는 자를 업신여기지 말고, 먹지 않는 자는 먹는 자를 비판하지 말라. 이는 하나님이 그를 받으셨음이라. 남의 하인을 비판하는 너는 누구냐? 그가 서 있는 것이나 넘어지는 것이 자기 주인에게 있으매 그가 세움을 받으리니, 이는 그를 세우시는 권능이 주께 있음이라. 어떤 사람은 이날을 저 날보다 낫게 여기고, 어떤 사람은 모든 날을 같게 여기나니, 각각 자기 마음으로 확정할지니라. 날을 중히 여기는 자도 주를 위하여 중히 여기고 먹는 자도 주를 위하여 먹으니, 이는 하나님께 감사함이요. 먹지 않는 자도 주를 위하여 먹지 아니하며 하나님께 감사하느니라. (롬 14:2-6)

서로 다르고 심지어 상반되는 행위들이지만 하나님이 평가하시기에는 동일하게 "옳다"라고 할 수 있는 많은 영역들이 있는데, 이 모든 일은 성령 안에서 행해진 것이기 때문이다. 그 일들은 하나님을 영화롭게 하려는 의도로 행해졌고, 하나님을 영화롭게 한 결과들이다. 이 본문에서 우리는 한쪽 편이 더 강력하게 성경으로 지지하고 있는 의식에 관해 바울이 두 가지 갈등을 지적하고 있음을 주목해야 한다. 유대인 그리스도인들은 올바른 방식으로 도살된 짐승의 고기라는 것과 다른 신에게 제물로 바친 것이 아님을 확인할 수 있기 전까지는 그 고기를 먹지 않으려고 했을 것이다. 그들은 하나님을 영화롭게 하기 위해 특정한 날, 이른바 안식일을 지키는 일에 좀 더 고집을 부렸을 것이다. 바울은 **그들의** 의식(practice)뿐 아니라 그와 **상반되는** 의식 모두 하나님이 보시기에는 동일하게 받으실 만하고 단언한다. 의도와 결과가 동일하다면 말이다. 하나님의 백성이 행하고 있는 일로 인해 하나님은 영광을 받으신다.

기독교 공동체가 세속적인 공동체와 달라야 한다면, 우리는 다른 의식(practice)을 행하는 그리스도인들을 열등하고 무지하고 믿음이 없다고까지 정죄하지 말고 그들의 의식을 용인해 주는 데까지 성장해야 할 수도 있다. 기독교 공동체 간의 분열과 불일치와 적대감의 공통점이 무엇인지를 곰곰이 생각해 보고, 안식일을 지키거나 지키지 않는 문제, 또는 토라에서 분명하게 지지를 받고 있는 음식물 규정과 관련해서 하나님을 기쁘시게 하는 의식의 다양성을 단언했던 바울에게 아래 문제들과 관련해서 기독교 교파와 개인들이 갖는 다양성을 어떻게 다룰 것인지를 물어볼 필요가 있다.

1. 와인이나 알코올음료 마시기
2. 사교춤
3. 유아세례, 아니면 "결심"할 때까지 기다리기
4. 침례(앞으로 몸을 숙여 물에 잠기게 하는가? 뒤쪽으로 몸을 눕혀 물에 잠기게 하는가? 어떤 침례 공식 어구를 사용할 것인가?), 아니면 물을 붓는 세례, 아니면 물을 뿌리는 세례
5. 공식적이고 예전적인 예배, 아니면 좀 더 편안한 예배 형식
6. 성인(聖人) 공경
7. 구약 정경의 범위
8. 공적인 예배에서의 은사 표출(예: 손을 들기, 방언으로 말하거나 기도하기, 즉흥적인 찬양)
9. 토요일 예배 대(對) 주일 예배
10. 교회력을 지킬 것인지, 지키지 않을 것인지
11. 성례를 지킨다면, 몇 개를 지킬 것인지

내 말은 바울이 로마서에서 한 말을 **모든 경우**에 적용하자는 것이 아니다. 바울은 그리스도인의 의식(practice) 주위로 분명한 경계선을 그렸으며, 그래서 그 의식의 한계를 규정하기도 했다. 하지만 우리가 강하게 선호하고 확신하는 많은 문제에 대해, 관용을 권면하는 바울의 말을 적용할 수 있지 않을까? 우리가 선호하고 확신하는 것들이 그리스도의 몸 안에서 분열의 장벽이 되게 할 수는 없다.

그리스도의 가족 안에 있는 그리스도인 가족들

초기의 기독교 운동에는 개종한 개인뿐만 아니라 새로운 믿음으로 개종한 전체 가정이 참여하는 일도 많았다. 예를 들어, 고넬료(행 10:24, 47-48), 루디아(행 16:15), 빌립보의 간수(행 16:27-34), 고린도의 스데바나(고전 1:16), 오네시보로(딤후 1:16; 4:19) 집안이 개종한 이야기들이 있다. 집안 전체의 개종은 전형적으로 기독교 운동에 가담하려는 가장의 결단에 따른 것이다. 실제적인 방법으로, 기독교 운동은 지역 교회 교인들을 기꺼이 환대하려는 일반 가정과 그 가장들의 의지에 의존했는데, 이들은 모임 장소를 제공하기도 하고(롬 16:3-5, 23; 고전 16:19; 몬 2), 순회 교사와 교회 대리인들에게 숙소를 제공하고 그들을 대접하기도 했다(롬 16:1-2; 골 4:10; 몬 22).

일반 가정은 전형적으로 권위주의적인 남성이 주도하는 사회 단위로 인식되었다. 아리스토텔레스는 짝으로 이루어진 관계에서 그중 더 큰 권위를 부여받은 사람이 가정 '경영'(그리스어 '오이코노미아'[*oikonomia*], 영어 'economy'[경제])을 행해야 한다고 말했는데, 이는 "종에 대한 주인의 통치, [자녀에 대한] 아버지의 통치, [아내에 대한] 남편의 통치"를 뜻했다(*Pol*. 1.12 [1259a36-39]). 윤리학자들은 이 권위는 의무감과 근면과 친절한 보살핌으로 행사되어야 하고, 나이 어린 상대를 대하는 연장자의 권위나 시민을 대하는 선출 관료의 권위와 마찬가지로 아내를 대하는 가장의 권위는 절제되어야 한다고 촉구했는데(Aristotle, *Pol.* 1.12 [1259b6-10]), 그래도 그 위계질서는 절대적이었다. 실제로, 가장들은 자신의 덕목을 반영하는 방식으로, 또는 그 덕목이 결여된 것을 반영하는 방식으로 권위를 행사했다.[11]

바울은 보다 큰 기독교 가족으로 살아가는 것뿐만 아니라 기독교 개별 **가족들**로서 함께 살아가는 일에 대해서도 할 말이 무척 많았다. 여기서 요지는 우리가 이 분야에 대한 지침으로 에베소서 5:21-6:4과 골로새서 3:18-4:1의 소위 가정 규범만을 고찰할 경우 실수를 범한다는 사실일 것이다. 바울은 다양한 (완성된) 가정들이 있는 공동체에 편지하고 있음을 인식하면서도, 실제로 이 일반 가정에 구체적으로 적용될 내용에 대해서는 거의 이야기하지 않는다.[12] 각 기독교 가정은 **모든**

---

11   그리스-로마 세계의 가정에 대한 더 자세한 설명은 deSilva, *Honor, Patronage, Kinship & Purity*, 173-93; Halvor Moxnes, ed., *Constructing Early Christian Families* (London: Routledge, 1997); Carolyn Osiek and David Balch, *Families in the New Testament World: Households and House Churches* (Louisville: Westminster John Knox, 1997)를 보라.

12   실제로, 만일 에베소서와 골로새서가 바울이 직접 쓴 것이 아니라 바울과 함께했던 사람들 중에서 살아남은 사람이 기록한 것으로 입증된다면, 바울은 그리스도인들 간의 모든 관계에 적용한 것을 제외하고는 그리스도인 가정 내 관계에 대해서는 거의 아무 말도 하지 않은 것이다. 나는 골로새서는 확실히 바울의 친서라는 입장에 동의하고, 에베소서도 바울의 친서일 가능성이 상당히 높다고 믿는다(David A. deSilva, *An Introduction to the New Testament: Contexts, Methods & Ministry Formation* [Downers Grove, IL: InterVarsity Press, 2004], 696-701, 716-21을 보라).

기독교 공동체를 위한 대단히 중요한 지침에 따라 가정을 이루어 나가라는 부르심을 받는다. 또한 이 지침은 기독교 가정들 안에 있는 공동체에 적용되는 것이어야 하며, **절대적인** 지침이 아니라 **부가적인** 조언을 제시하는 가정 규범과 같은 본문들을 포함할 것이다. 가정 내부에서 관계가 변화되기 시작하는 출발점은 가정 규범 그 자체가 아니라 다음과 같은 교훈들일 것이다.

> 마음을 같이하여 같은 사랑을 가지고, 뜻을 합하며 한마음을 품어, 아무 일에든지 다툼이나 허영으로 하지 말고, 오직 겸손한 마음으로 각각 자기보다 남을 낫게 여기고, 각각 자기 일을 돌볼뿐더러 또한 각각 다른 사람들의 일을 돌보아, 나의 기쁨을 충만하게 하라. (빌 2:2-4)

> 너희의 자유로 육체의 기회를 삼지 말고, 오직 사랑으로 서로 종노릇하라. (갈 5:13)

에베소서에서 바울은 모든 그리스도인에게 주는 교훈에서 구체적인 인간관계에 대한 교훈으로 매끄럽게 넘어가는데, 이런 방식은 이 입장을 뒷받침한다.

(18) 술 취하지 말라. 이는 방탕한 것이니, 오직 성령으로 충만함을 받으라.
(19) 시와 찬송과 신령한 노래들로 서로 화답하며, 너희의 마음으로 주께 노래하며 찬송하며,
(20) 범사에 우리 주 예수 그리스도의 이름으로 항상 아버지 하나님께 감사하며,
(21) 그리스도를 경외함으로 피차 복종하라.
(22) 아내들이여 자기 남편에게 복종하기를 주께 하듯 하라.
(23) 이는 남편이 아내의 머리 됨이 그리스도께서 교회의 머리 됨과 같음이니, 그가 바로 몸의 구주시니라.

(엡 5:18-23)

나는 핵심 요지를 증명하기 위해 구조 분석을 해 보려 한다. 즉, 기독교 가정 안에 있는 그리스도인 아내에게 주는 지침, 그런 후에 이어지는 가정 규범의 전체 시리즈는, 그리스도인 공동체 전체에게 주는 지침과 통합적·유기적으로 연결되어 계속 진행된다. 에베소서 5:21의 행위("피차 복종하라")가 구문론적으로 앞에 있는 자료에 의존하고, 에베소서 5:22의 행위는 앞에 있는 자료에 더욱 완전하게 의존하는데, 5:21이 없다면 5:22에는 동사적 행위가 없기 때문이다. 그래서 (ESV와 HCSB처럼) 5:21과 5:22 사이에 문단의 제목을 넣은 번역들은

바울이 피차 복종과 이타적 복종이라는 보다 넓은 기독교 에토스에 남편에 대한 아내의 복종을 조심스럽게 연결하고 주의 깊게 끼워 넣은 것을 산산조각 내고 있다. 이 넓은 의미의 에토스는 남편의 본보기로서 그리스도께서 그분의 권위를 어떻게 사용하셨는지에 관해 바울이 예를 들어 준 대로, 기독교 가정 안에서 남편이 그의 권위를 사용하는 것과 관련된 변화다. 어쩌면 더 합당할 수도 있지만 (NRSV와 NIV처럼) 5:21 앞에 문단의 제목을 넣은 번역들 역시 구문론적으로 적합하지 않게 단락을 구분한다. 5:21은 가정 규범에 대한 서론일 뿐만 아니라 전체 기독교 공동체에게 주는 바울의 총체적인 교훈의 결론이기 때문이다.[13]

그리스도인 종과 주인에게 주는 교훈은 더욱 충격적이고, 기독교 공동체 밖에 있는 사람들이 볼 때 이 권력 행사는 체제 전복적이다.

종들아, 두려워하고 떨며 성실한 마음으로 육체의 상전에게 순종하기를 그리스도께 하듯 하라. 눈가림만 하여 사람을 기쁘게 하는 자처럼 하지 말고, 그리스도의 종들처럼 마음으로 하나님의 뜻을 행하고, 기쁜 마음으로 섬기기를 주께 하듯 하고 사람

---

13 이 문제와 관련하여 에베소서 5:15-6:9의 상황을 하나의 단락으로 이해한 CEB는 주목할 만하다.

들에게 하듯 하지 말라. 이는 각 사람이 무슨 선을 행하든지 종이나 자유인이나 주께로부터 그대로 받을 줄을 앎이라.
상전들아, 너희도 그들에게 이와 같이 하고 위협을 그치라. 이는 그들과 너희의 상전이 하늘에 계시고, 그에게는 사람을 외모로 취하는 일이 없는 줄 너희가 앎이라. (엡 6:5-9)

인정하건대, 종들에게 주는 교훈은 관계 변혁적인 것은 아니다. 주님께서 각 개인을 어떻게 보시고 반응하시는지에 "종"이나 "자유인"이라는 신분이 영향을 주지 않음을 뜻하는 중요한 수식어를 바울이 6:8에서 소개하기는 했지만 말이다. 이것은 그 뒤에 이어지는 절에도 반영되었다. 이 본문은 하나님께서 어떤 기준으로도 사람을 차별하지 않으신다는 또 다른 증거인 것이 분명하다. 이미 언급했듯이, 이 사실은 사람을 만드신 분이 하나님이심을 분명히 상기시킨다. 인간은 종과 자유인을 구별하기 시작했지만, 그 구별은 하나님께는 전혀 중요한 것이 아니며, 따라서 그 제도 자체는 신적인 합법성이나 권위를 주장할 수 없다. 변화시키는 힘이 있는 것은 그리스도인 주인들에게 주신 교훈으로, "그들에게 이와 같이(동일하게) 하고"라는 단순한 말씀이다. 누군가 이 본문에서 무엇을 "이와 같이(동일하게)" 행하라는 것인지, 그 선행사를 찾기가 어렵다면, 주님께서 우리의 행동을 평가하시고 갚으신다는 것을 염두에 두면서 "기쁜 마음으로 (종으로서) 섬기라(*douleuontes*, 6:7)"라는 명령을 떠올리면 된다. 이것은 그리스-로마 세계에서 정의된 관계를 변화시키는 과감한 조치다. 말하자면, "주인"과 "살아 있는 도구"의 관계는 "피차 복종"(엡 5:21)하거나 "사랑으로 서로 종노릇"(갈 5:13)해야 하는 형제자매의 관계 안에 포함된다. 가정 규범의 대단히 중요한 요지는 (전통적으로 권위적인) 가정 내부의 관계가 반드시 그리스도인 공동체의 보다 크고 총체적인 에토스로 변화되어야 한다는 것이다.

3. 결론

이런 특성을 지닌 공동체를 실현하는 것이 바로 바울 복음의 "좋은 소식"의 한 부분이었다. 하나님께서 그들 안에서 일으키고자 간절히 바라시는 변화를 위해 서로에게 헌신하고, 각자 자기 믿음과 한계가 어느 정도인지에 민감하고, 그가 태어났거나 어쩌다가 속해 있는 사회적인 범주와 상관없이 하나님께서 그를 아들과 딸로 얼마나 소중하게 여기시는지를 깊이 생각하고, 어려운 처지에 있는 성도를 마치 자기 가족처럼 지지해 줄 준비가 되어 있는 사람들의 공동체. 이런 공동체의 일원이 되라고 초대하는 것이, 바울이 복음을 전하고 있던 사람들에게 어떻게 "좋은 소식"이 되지 **않았겠는가**? 그리고 우리 교회 안에 있는 사람들에게, 그리고 우리 교회 밖에 있는 사람들에게까지, 하나님의 영이 이런 방식으로 우리를 그 정도까지 변화시킬 수 있다는 것이 어떻게 "좋은 소식"이 될 수 없겠는가?

지금까지 설명한 것에 의하면, 우리는 상호작용이라는 맥락에서만, 특히 교인으로서의 상호작용 안에서만 하나님께서 우리를 그리스도 안에서 변화시키시고 새사람이 되게 하실 수 있다는 것이 분명해졌을 것이다. 3세기 초에 오리게네스는 이렇게 선언했다. "이 집, 즉 교회 밖에서는 아무도 구원을 받지 못한다"(*Homilies on Joshua* 3:5). 이 진술의 선구자 격이었던, 로마 가톨릭의 "교회 바깥에는 구원이 없다"(*extra ecclesiam nulla salus*)라는 교리는 종종 적지 않은 논란을 불러일으켰지만, 오리게네스의 진술은 우리가 개인주의적인 문화에서 너무 쉽게 망각하는 실제적인 현실을 언급한다. 나의 변화는, 그들과 내 안에서 동일한 변화가 일어나도록 서로 헌신하는 사람들과 함께하는 공동체 삶에 달려 있다. 그 공동체 안에서 나는 새로운 행동을 실천할 수 있고, 하나님께서 내 안에서 양육하고자 하시는 새사람의 새 마음을 성장시킬 수 있다. 그래서 나는 하나님이 보시기에 의로운 사람, 하나님께서 내 안에서 그분의 아들 예수님을 보시는 그런 사람이 될 수 있다.

제4장

복음은 우주의 변화를 의미한다
: 우리는 얼마든지 세상의 통치에서 벗어나
하나님의 통치를 증언할 수 있다

바울은 하나님의 "복음"의 범위가 개인과 신앙 공동체 뿐 아니라 우주 전체를 아우른다고 이해한다. 여기서 "우주"(cosmos)는 적어도 세상의 현재 질서와 현재의 지구 영역으로 이해된다.[1] 변화는 단순히 사회의 기존 구조 안에서 그

---

1 그러므로 많은 신학자와 평신도들이 자기 자신에게만 한정하는 자기중심적인 구원론에 의문을 제기한 라이트(Wright)가 옳다. "태양이 지구 주위를 돌고 있다는 가정은, 신학적으로, 기독교 진리 전체가 **다 나와 나의 구원에 관한 것**이라는 믿음과 맞먹는다. … 하나님은 우리 주위를 돌고 계시지 않는다. 우리가 그분 주위를 돌고 있다. … 하나님은 사람을 어떤 목적을 위해 만드셨다. 그저 그들 자신을 위해서, 또는 그저 그들이 하나님과의 관계 안에만 있게 하시려는 것이 아니라, 하나님의 형상을 담지하고 있는 자로서 그들을 **통하여** 하나님의 지혜롭고 기쁘고 생산적인 질서를 세상에 가져오시려는 것이다."(Wright, *Justification: God's Plan and Paul's Vision* [Downers Grove, IL: InterVarsity Press, 2009], 23-24). 하나님의 계획은 언제든지 개인의 영혼들보다 더 크다.

리스도인 개인이 자신의 태도와 행위를 바꾸는 문제가 아니다. 그것은 사회의 모든 수준에서, 그리고 우리 존재와 삶의 모든 영역에서 "일이 처리되는 방식"으로 강요된 한계를 깨뜨리면서, 그리스도께서 우리 개인과 집단의 삶에서 이루고자 하시는 변화의 문제이다. 다시 말해서, 구원은 개인과 공동체 변화의 문제일 뿐만 아니라 구조적인 변화의 문제이기도 하다. 이 구조적인 변화는 그리스도께서 이 세상에 있는 현재의 모든 권세와 능력들을 끝장내고 하나님 나라를 온전히 세우실 때에야 비로소 완성될 것이기는 하지만 말이다.

그리스도인들이 "이 세대"의 구조를 벗어나서, 신약 성경 전체에 표현되어 있는 인간 공동체를 위한 그리스도의 가르침과 비전에 근거하는 새로운 원리와 구조를 중심으로 삶과 공동체를 조직할 때, 그들은 세 가지 일을 완수한다. 첫째로, "이 세대"를 구성하는 질서가 일시적인 것임을 선포한다. 둘째로, 일반적으로 아무 의심 없이 받아들여지는 이 세대의 구조를 좀 더 폭넓게 비판적으로 바라보라고 요구한다. 셋째로, 앞으로 더 큰 규모의 변화가 있을 것을 증언하고, 그 변화를 실현하기도 한다(비록 암시와 맛보기 방식으로만 가능하지만).

1. 문제로서의 "세상"

복음이 어떻게 "세상"에 영향을 주고 신자들이 "세상"에 대응하도록 그들을 어떤 위치에 두는지에 대해 바울이 이해한 내용을 이야기할 때, "세상"이라는 단어의 의미를 탐구하는 것은 언제나 중요하다. 바울은 일반적으로 코스모스(*kosmos*)와 아이온(*aiōn*)이라는 두 가지 용어로 "세상"을 언급한다. 신약학자들에게 거의 "표준서"라고 할 수 있는 그리스어-영어 사전은 그리스어 단어 코스모스에 대해 뚜렷이 구별되는 사전적 의미 여덟 가지를 제시한다. 여기서는 전형적인 번역 용어와 함께 제시한다.

① 장식품으로 아름답게 하는 것, **장식**(adornment), **꾸밈**(adorning)
② 질서 정연한 상태, **정돈된 방식**(orderly arrangement), **질서**(order)
③ 지금 여기에 있는 모든 것의 총합, **세상**(the world), **(질서 정연한) 우주**(the universe)
④ 동물들보다 상위에 있는 모든 존재의 총합, **세상**(the world)
⑤ 거주지로서의 지구, **세상**(the world)
⑥ 인류 전체, **세상**(the world)

⑦ 많은 측면을 가진 인간 존재의 체계, **세상**(the world)
⑧ 독립체의 집합적 측면, **전체**(totality), **총체**(sum total)[2]

우리는 "세상"의 세 가지 기본적인 의미와 그 각각의 의미와 관련해서 "세상"에 대한 바울의 평가에 특히 관심을 가질 필요가 있다. (1) 구원 행위와 죄가 발생하는 공간으로서의 "세상"은 기본적으로 중립적이다. (2) 사회에 태어남으로써 사람들이 물려받는 우선순위, 논리, 경계, 관습의 체계로서의 "세상"은 하나님의 목적과 비전에 본질적으로 적대적이다. (3) 그곳의 거주자를 가리키는 환유어로서의 "세상". 두 번째 의미에서 설명된, 생각하고 가치를 평가하고 관계 맺는 방식에 거주자들의 몰입 정도가 어떠한지에 따라서 세 번째 의미의 "세상"은 중립적일 수도, 적대적일 수도 있다.

두 번째 용어인 아이온(*aiōn*)은 종종 영어로 "세상"이라고 번역되곤 하지만, 이 단어는 ('시대'[epoch] 또는 시간의 기간이라는 의미로) "세대"(age)라고 번역하는 것이 더 적절하다. 특히 이 용어는 바울이 만물의 타락과 회복 사이의 현재 우주 상태를 의미할 때 사용하는 "이 세대"와 바울이 하나님 나라

---

2 Walter Bauer, Frederick Danker, et al., *A Greek-English Lexicon of the New Testament and Other Early Christian Literature*, 3rd ed. (Chicago: University of Chicago Press, 2000), 561-63.

의 새로운 존재 질서를 가리킬 때 사용하는 "앞으로 올 세대" 사이의 명시적이거나 암시적인 대조를 표현하는 상황에서 자주 사용된다.³ 세대 또는 시대의 연속이라는 개념, 즉 악하거나 불완전한 현재 세대, 그리고 하나님 백성을 향한, 실제로는 모든 피조물을 향한 하나님의 선한 목적이 성취될 세대인 장차 올 세대는 유대 묵시 사상의 주된 개념이다. 이것은 바울 자신의 신학이 형성된 폭넓은 개념의 모판이다.⁴ 바울이 (어떤 의미에서) 코스모스(*kosmos*)와 현 세대(*aiōn*)를 본질적으로 동의어로 생각하고 있다는 사실은 그의 편지 여러 단락에서 뚜렷이 드러난다. 예를 들어, 바울은 고린도교회 교인들에게 경고한다. "아무도 자신을 속이지 말라. 너희 중에 누구든지 이 세상(*aiōn*)에서 지혜 있는 줄로 생각하거든 어리석은 자가 되라. 그리하여야 지혜로운 자가 되리라. 이 세상(*kosmos*) 지혜는 하나님께 어리석은 것이니"(고전 3:18-19a). 현재 "세대"는 일시적이고 타락하고 (하나님이 평가하시기에) 어리석은 사건

---

3 바울이 "현재의 이 악한 세대"를 언급한 갈라디아서 1:4과 하나님의 영광이 "세대의 세대들에", 즉 이 타락한 세대에 세세토록(영원 무궁히) 있을 것이라고 언급한 갈라디아서 1:5을 비교하라. 비슷한 구별이 에베소서 1:21과 에베소서 2:1-2, 7에서도 이뤄지고 있다.
4 이 문제와 관련한 선구자적인 저서는 J. Christiaan Beker, *Paul the Apostle: The Triumph of God in Life and Thought* (Philadelphia: Fortress, 1980)이다. 또한 그의 *Paul's Apocalyptic Gospel: The Coming Triumph of God* (Philadelphia: Fortress, 1982)과 *Paul the Apostle*의 요약판인 *The Triumph of God: The Essence of Paul's Gospel* (Minneapolis: Fortress, 1990)을 보라.

들의 어떤 "질서"(kosmos)에 의해 지배를 받는 시대다.[5]

고린도전서 앞부분에서 바울은 "이 세대"의 논리, 가치, 계급[계층], 우선순위가 우리를 둘러싼 시스템으로서 "세상"에서 활동하고 있으며 이것이 문제가 됨을 인식하고 있다.

십자가의 도가 멸망하는 자들에게는 미련한 것이요, 구원을 받는 우리에게는 하나님의 능력이라. 기록된바, "내가 지혜 있는 자들의 지혜를 멸하고 총명한 자들의 총명을 폐하리라" 하였으니, 지혜 있는 자가 어디 있느냐? 선비가 어디 있느냐? 이 세대(age)에 변론가가 어디 있느냐? 하나님께서 이 세상(world)의 지혜를 미련하게 하신 것이 아니냐? 하나님의 지혜에 있어서는 이 세상이 자기 지혜로 하나님을 알지 못하므로 하나님께서 전도의 미련한 것으로 믿는 자들을 구원하시기를 기뻐하셨도다. 유대인은 표적을 구하고 헬라인은 지혜를 찾으나, 우리는 십자가에 못 박힌 그리스도를 전하니, 유대인에게는 거리끼는 것이요 이방인에게는 미련한 것이로되, 오직 부르심을 받은 자들에게는 유대인이나 헬라인이나 그리스도는 하나님의 능력이요 하나님의 지혜니라. 하나님의 어리석음이 사람보다 지혜롭고 하

---

5 고린도전서 1:20도 보라. 이 본문에서 우리는 비슷한 병행어구를 발견한다. 두 용어는 에베소서 2:1-2의 어구에 더 밀접히 연결되었다. "그는 허물과 죄로 죽었던 너희를 살리셨도다. 그때에 너희는 그 가운데서 행하여 이 세상(kosmos)의 풍조(aiōn)를 따르고 공중의 권세 잡은 자를 따랐으니, 곧 지금 불순종의 아들들 가운데서 역사하는 영이라."

나님의 약하심이 사람보다 강하니라. (고전 1:18-25)

아무도 자신을 속이지 말라. 너희 중에 누구든지 이 세상(age)에서 지혜 있는 줄로 생각하거든 어리석은 자가 되라. 그리하여야 지혜로운 자가 되리라. 이 세상(world) 지혜는 하나님께 어리석은 것이니. (고전 3:18-19a)

이 비판의 핵심은 "이 세대"의 사회에 작용하는 시스템 저변에 깔려 있으면서 그 시스템을 강화하는 "지혜"와 하나님에게서 나오는 지혜 사이의 근본적인 단절이다(1:21). 전자는 하나님의 터가 아닌 곳에, 실제로 하나님의 터와 부합하지 않는 터 위에 세워졌다("세상의 지혜"로 말미암아 생기를 얻는 사회들은 다 우상을 숭배하는 사회들이며 하나님에게서 멀리 떠나 있다는 사실을 예로 든다). 이 주제를 좀 더 발전시킨 진술은 로마서 1:18-32에 등장하는데, 이 말씀은 이방인의 신앙심과 관습과 관련해서 헬라적 유대 사상을 기반으로 한다(예를 들어, Wis 13:1-9; 14:22-31을 보라).

하나님의 계시의 중심인 십자가(고전 1:18, 22-24)는 세상 "지혜"의 문제점을 효과적으로 밝히 드러낸다. 이 "지혜"에 따르면, 예수님은 수치스러운 패배자, 처형당한 범죄자, 무명인, 실패자로 간주된다. 하지만 하나님의 평가에 따르면, 예수님은 하나님께서 모든 살아 있는 존재들 위로 높여 주신 의인이시다. 예수님이 순종하심으로 하나님의 선한 목적이 성취되었다. 예수님은 최고의 은인으로서, 다른 사람들을 대신하신 그의 죽음으로 말미암아 모든 사람이 그분의 은혜를 입었으며(고후 5:15), 하나님의 경륜 안에서 예수님은 가장 큰 영광을 얻으신다. 그리스도의 십자가는 토라와 정면으로 부딪쳐서 토라에 엄청난 손상을 가했다(갈 3:10-14). 십자가는 "세상의 지혜"와 정면으로 부딪쳐서 마찬가지로 엄청난 손상을 입혔으며, 세상의 지혜가 그 자체의 제한되고 폐쇄적이고 일시적인 시스템 밖에서는 공허하며 어리석은 것임을 보여 주었다(고전 1:19-20).

더욱이 구원과 "영광"에 이르는 길은 세상의 지혜가 아니라 하나님의 지혜를 기반으로 삼아 사람들을 품는 것과 관련된다. 이 맥락에서 마가복음에 기록된 예수님 말씀을 떠올리지 않을 수 없다.

> 이방인의 집권자들이 그들을 임의로 주관하고 그 고관들이 그들에게 권세를 부리는 줄을 너희가 알거니와 너희 중에는 그렇지 않을지니, 너희 중에 누구든지 크고자 하는 자는 너희를 섬기는 자가 되고, 너희 중에 누구든지 으뜸이 되고자 하는 자는 모든 사람의 종이 되어야 하리라. (막 10:42-44)

세상의 "지혜"에 따르면, 위대함 또는 앞섬은 다른 사람을 지배하는 힘으로부터, 그리고 더 높은 사람을 섬기기 위한 다른 이들의 자원함이나 묵인으로부터 나온다. 이 세대의 구조와 시스템은 가치와 힘에 대한 이러한 핵심적인 확신을 기반으로 한다. 힘, 지위, 권세, 가치의 서열을 말하기 위해 "위"와 "아래", "이상"과 "이하"와 같은 단어의 비유적 용례에는 이 문제와 관련하여 세상 지혜의 내적이고 의심의 여지 없는 논리가 압축되어 있다. 그러나 이것은 다 하나님의 지혜에서 역전되었다. 최대한 다른 사람의 종이 되려는 사람이 "첫째"가 된다. 자신을 "바닥"에 놓는 사람은 하나님의 평가에서 "꼭대기"에 있는 사람이며, "세상의 지혜"가 완전히 전복될 것임을 보여 준다. 쉽게 말해서, "아래"가 "위"다.[6] 바울은 하나님 앞에서 높아짐에 이르는 길로서 그리스도께서 다른 사람을 섬기면서 자원하여 스스로 낮아지신 것을 노래한 찬양 본문에서 세상 논리와 지혜의 역전을 간파한다. 바울은 그리스도를 따르는 사람들에게 이것을 본보기로 추천한다(빌 2:1-11).

"위"와 "아래"라는 말의 개념과 그 가치로 요약되는 세상 논리, 그리고 인간 사회 전체에 걸쳐 이러한 개념과 가치가 광

---

6 이와 비슷한 방식으로, 소유와 관련하여 예수님은 "주는 것"이 진정으로 "쌓아 두는 것"을 의미하며, 반대로 "쌓아 두는 것"은 사실은 던져 버리는 것과 같다고 주장하실 것이다 (참조. 마 6:19-21; 19:21; 눅 12:33-34; 18:22).

범위하고 조직적으로 구체화된 모습(incarnation)은 현 세대가 어떻게 사회에서 인간 존재에 "정돈된 방식"(kosmos)을 부여하는지를 알려 주는 한 예다. 그러나 현재 세대의 "정돈된 방식"은 바울이 stoicheia tou kosmou(스토이케이아 투 코스무, 갈 4:1-11; 골 2:8, 20-22)라고 말한 것에 인간들을 사실상 노예로 예속시킨다. stoicheia tou kosmou는 번역은 고사하고 이해하기도 어려운 개념이다. 하지만 스토이케이아(stoicheia)와 그것이 인간과 인간 공동체에 미치는 영향은, 우주의 잘못된 부분과 그리스도께서 해결하러 오신 문제의 중요한 측면인 것이 분명하다.

내가 또 말하노니, 유업을 이을 자가 모든 것의 주인이나 어렸을 동안에는 종과 다름이 없어서, 그 아버지가 정한 때까지 후견인과 청지기 아래에 있나니, 이와 같이 우리도 어렸을 때에 이 세상의 초등학문(ta stoicheia tou kosmou) 아래에 있어서 종 노릇하였더니, 때가 차매, 하나님이 그 아들을 보내사 여자에게서 나게 하시고 율법 아래에 나게 하신 것은 율법 아래에 있는 자들을 속량하시고 우리로 아들의 명분을 얻게 하려 하심이라. … 그러나 너희가 그때에는 하나님을 알지 못하여 본질상 하나님이 아닌 자들에게 종노릇하였더니, 이제는 너희가 하나님을 알 뿐 아니라 더욱이 하나님이 아신 바 되었거늘 어찌하여 다시

약하고 천박한 초등학문(stoicheia)으로 돌아가서 다시 그들에게 종노릇하려 하느냐? 너희가 날과 달과 절기와 해를 삼가 지키니, 내가 너희를 위하여 수고한 것이 헛될까 두려워하노라. (갈 4:1-5, 8-11)

누가 철학과 헛된 속임수로 너희를 사로잡을까 주의하라. 이것은 사람의 전통과 세상의 초등학문(ta stoicheia tou kosmou)을 따름이요 그리스도를 따름이 아니니라. … 너희가 세상의 초등학문(ta stoicheia tou kosmou)에서 그리스도와 함께 죽었거든 어찌하여 세상에 사는 것과 같이 규례에 순종하느냐? 곧, "붙잡지도 말고 맛보지도 말고 만지지도 말라" 하는 것이니, 이 모든 것은 한때 쓰이고는 없어지리라. 사람의 명령과 가르침을 따르느냐[그것들은 다만 사람의 명령과 가르침에 불과하다]. (골 2:8, 20-22)

이 stoicheia tou kosmou는 무엇인가?[7] 스토이케이아(stoicheia)라는 용어는 한 줄로 세운 일련의 사물들을 의미할 수 있다. 그래서 알파벳을 가리킬 수도 있고, 어떤 학문의 '입문, 첫걸음'이라는 의미로 확장될 수 있으며, 심지어 하나님

---

7 이 질문을 좀 더 충분히 다룬 내용은, David A. deSilva, *Global Readings: A Sri Lankan Commentary on Paul's Letter to the Galatians* (Eugene, OR: Wipf & Stock, 2011), 197-201과 거기에 인용된 참고문헌을 보라.

께 대한 반역으로 형성된 인간적이고 제도적인 논리의 '기초'를 뜻하기도 한다. 바울은 이것을 긍정적인 의미로 사용하지 않고, 다른 것은 잘 모르고 성장한 사람들을 가두고 제한하는 규율, 사상, 가치, 편견, 분열을 초래하는 범주들("종과 자유인", "남자와 여자", "헬라인과 야만인", "유대인과 그리스인" 등)을 언급하는 데 사용한다. 스토이케이아에 종노릇한다는 것은 우리를 둘러싸고 있는 세상이 우리 삶에 정해 주는 규율과 제한을 무비판적으로 묵인한다는 의미에서 "세상이 작용하는 방식"에 종노릇하는 것이다.[8]

1세기와 그 이전에, *stoicheia tou kosmou*라는 어구에 가장 적합했던 의미는 자연세계를 구성하고 있다고 믿었던 요소들, 즉 흙(땅), 물, 공기, 불이었다. 이 요소들은 종종 그 자체가 신들로 간주되었거나 특정한 신들과 관련이 있었으며(Philo, Contempl. 3; Decal. 53; Wis 13:1-2), 그래서 사람들의 삶과 행동에 영적인 힘을 행사한다고 생각했다. 그 용어는 해, 달, 별들, 행성에 적용될 수도 있었는데, 종교력 형태(유대인들이 지켰던 것처럼. 참조, 갈 4:11)로든지, 아니면 이방인들이 점성술에 집착하는 것과 같은 형태로 사람들에게 영향력을 행사했

---

8 J. Louis Martyn, *Galatians*, Anchor Bible (New York: Doubleday, 1997), 389, 404를 보라.

다. 이런 의미에서도 스토이케이아는 "세상이 작용하는 방식"의 법칙으로서, 우상이 만연한 사회의 구조로서, 그리고 두말 않고 복종하기를 요구하는 불가항력적인 힘으로 이교도들이 마주했던 별의 힘으로서, 초인간적인 차원의 힘을 지녔었다. 강요하고 종노릇하게 만드는 능력이라는 측면에서, 바울이 토라 자체를 stoicheia tou kosmou와 동등하다고 간주한 것은 주목할 만하다.

어떤 의미에서 stoicheia tou kosmou는 영적인 힘을 가지고 있으며, 이 단어는 영적인 세력을 표현할 때 사용되기도 한다. 이 스토이케이아는 기존 인간 사회의 근본적인 논리로, 그리고 일반적으로는 문제시되지 않는 논리로, 즉 질서 정연한 사회적 실체의 한 방식으로 나타난다는 의미도 있다. "현재의 이 악한 세대"에서(갈 1:4) 스토이케이아는 현재의 악한 세대를 구성하고 현 세대를 왜곡하고 타락하게 만드는 데 기여하는, 이 세대를 이끌어 가는 힘과 원리들을 대표한다.

현대적인 상황에서 바울이 stoicheia tou kosmou라는 어구를 사용하여 명명하려고 했던 실체에 가장 근접하는 논의는 그 자체의 논리와 관습을 분명히 표현하고 강화해서 개인으로 하여금 그 시스템이 설정한 목표를 성취하도록 움직이게 만드는 "지배 시스템"에 대한 논의인 것 같다.[9] 군국주의가 한 예다. 우리는 국가가 능력 있는 군대를 보유해야 하며, 국가의 안보는 군대를 유지하고 군대의 목표(예컨대, 현존하는 다른 나라 군대보다 전략적인 우월성을 유지하기)를 이루는 일에 사회 자원의 중요한 부분을 투자하는 것에 달려 있다는 생각을 무비판적으로 받아들이고 이를 당연시한다. 우리는 국내에서든지 국외에서든지 국가 이익을 보호하기 위해서라면 폭력을 사용하는 것도 평화와 안녕을 추구하기 위한 합리적인 전략이라는 입장을 매우 무비판적으로 취한다. 우리나라에 군대가 없다면 어떨지, 전쟁을 수행할 능력을 유지하기 위해 우리가 쏟아붓고 있는 자원들을 이용해서 국내에서나 해외에서 어떤 선한 일을 이룰 수 있을지, 이런 문제에 대해서 우리는 감히 생각하지 못한다. 결국 이제 나는 모든 나라가 군사 조직을 가지고 있는 세상에서는 군사 조직을 해체하는 것이 가능

---

9 내가 하나님에게서 벗어난 인간 사회와 세상의 근본적인 논리를 속박하는 "권세와 정사들"에 관하여 사고하는 데 특히 도움이 되는 것으로 찾아낸 몇몇 자료들은 다음과 같다. C. Dale White, *Making a Just Peace: Human Rights and Domination Systems* (Nashville: Abingdon, 1998); Walter Wink, *Naming the Powers: The Language of Power in the New Testament* (Minneapolis: Fortress, 1984); ibid., *Unmasking the Powers: The Invisible Forces That Determine Human Existence* (Minneapolis: Fortress, 1986); ibid., *Engaging the Powers: Discernment and Resistance in a World of Domination* (Minneapolis: Fortress, 1992); Vinoth Ramachandra, *Subverting Global Myths: Theology and the Public Issues Shaping Our World* (Downers Grove, IL: InterVarsity Press, 2008).

하지 않다는 것을 인정할 수밖에 없다. 하지만 이 사실은 군국주의가 인간의 상호작용에 관해 그 자체의 논리와 규율을 부과하고, 합리적인 자원 사용에 관해 그 자신이 우선순위임을 그 국민에게 강요하는, 저절로 계속되고 스스로를 유지하는 시스템이 되었다는 나의 요지를 강화하는 데 도움이 될 뿐이다. 그리고 그 논리와 그 규율과 그 우선순위는 분명히 하나님이신 예수 그리스도의 논리와 규율과 우선순위가 **아니다**.

다른 초기 그리스도인들과 함께, 바울은 그 '문제'(그리스도께서 그 '문제'로부터 우리를 해방시키셨다)가 개인적인 죄보다 크며, 심지어 집단의 행동보다도 크다는 사실을 이해한다. 그 문제는 전체에 영향을 주고, 그 문제는 인간 사회에 스며들고, 그 문제는 초자연적인 힘으로 인간과 맞서고 인간을 지배한다. 바울은 다소 신화적인 용어로써 하나님의 통치에 거슬러 작용하는 "권세들"과 하나님의 통치에 자신을 맞추려는 사람들에 대해 언급한다. "우리의 씨름은 혈과 육을 상대하는 것이 아니요 통치자들과 권세들과 이 어둠의 세상 주관자들(the cosmic powers)과 하늘에 있는 악의 영들을 상대함이라"(엡 6:12). 이 "세상 주관자들"은 인격을 가진 실체가 아닐 수도 있다. 개인을 능가하는 세력이며, 어떤 점에서는 개인적인 선택이나 심지어 상상력까지 속박하는 **초사회적인** 세력인 그 권세들을, 그럼에도 불구하고 개인이 직접 부딪쳐야 한다.

2. 우주와 우리의 관계 변화

사회학자 브라이언 윌슨은 기존 종교 운동의 구성원들이 이 세상에서 그들 운동의 목표가 어떻게 실현되기를 기대했는지에 근거해서 종교 운동들을 서술했다.[10] 적절한 두 가지 범주는 "개혁적인"(reformist) 접근과 "혁명적인"(revolutionary) 접근이다. 개혁적인 그룹은, 사실상, 이 세상의 구조를 바꿈으로써 하나님의 목적을 성취하기를 기대한다. 그래서 그들의 목적은 세상에 대한 하나님의 목적에 맞춰 조정된다. 혁명적인 그룹은 이 세상 구조를 근본적으로 재배열하고 재배치할 때만 하나님의 목적이 이루어질 수 있다고 기대한다. 그 일이 그 그룹의 개입을 통해서 간접적으로 이루어지든지, 아니면 하나님이 인간의 역사 흐름에 직접적으로 개입하시든지 간에 말이다.

이미 우리는 바울이 "개혁적인" 접근 방향으로 기울지 않았음을 증명하기 위해 증거를 충분히 검토했다. 그리스도인은 스스로 새로운 방법으로 살고 관계를 맺어야 했는데, 바울

---

10 Bryan Wilson, *Magic and the Millennium: A Sociological Study of Religious Movements of Protest among Tribal and Third-World Peoples* (New York: Harper & Row, 1973), 22-26. 여기서 논의한 두 범주는 서로 배타적이지만, 그가 제시하는 범주들이 다 상호 배타적인 것은 아니다.

은 이것을 사회라는 '직물'을 변화시킬 새로운 '뜨개 방식'으로 여기지 않았다. 그리고 바울은 그리스도를 따르는 사람들이 세상의 현 질서를 전복하고 재배치하는 일에 참여하기를 기대한다는 의미에서의 혁명주의자도 아니었다. 로마서 13장에 표현된 로마 당국에 대한 바울의 태도는 신약 성경에서 세속 권위를 이해하는 데 가장 견고한 중심 사상이 되었다.

각 사람은 위에 있는 권세들에게 복종하라. 권세는 하나님으로부터 나지 않음이 없나니 모든 권세는 다 하나님께서 정하신 바라. 그러므로 권세를 거스르는 자는 하나님의 명을 거스름이니, 거스르는 자들은 심판을 자취하리라. 다스리는 자들은 선한 일에 대하여 두려움이 되지 않고 악한 일에 대하여 되나니, 네가 권세를 두려워하지 아니하려느냐? 선을 행하라. 그리하면 그에게 칭찬을 받으리라. 그는 하나님의 사역자가 되어 네게 선을 베푸는 자니라. 그러나 네가 악을 행하거든 두려워하라. 그가 공연히 칼을 가지지 아니하였으니, 곧 하나님의 사역자가 되어 악을 행하는 자에게 진노하심을 따라 보응하는 자니라. 그러므로 복종하지 아니할 수 없으니, 진노 때문에 할 것이 아니라 양심을 따라 할 것이라. 너희가 조세를 바치는 것도 이로 말미암음이라. 그들이 하나님의 일꾼이 되어 바로 이 일에 항상 힘쓰느니라. 모든 자에게 줄 것을 주되, 조세를 받을 자에게 조세를 바치고, 관세를 받을 자에게 관세를 바치고, 두려워할 자를 두려워

하며, 존경할 자를 존경하라. 피차 사랑의 빚 외에는 아무에게든
지 아무 빚도 지지 말라. 남을 사랑하는 자는 율법을 다 이루었
느니라. (롬 13:1-8)

바울이 믿기에, 어떤 의미에서 이 세상의 "질서"는 여전히
하나님께서 인간 사회를 올바로 통치하시는 도구였다. 사실
은 통치자들이 "선한 일에 대하여 두려움"이 될 때, 그리고 사
실은 하나님이 보시기에 그리스도인이 "선을 행한 것"에 대
해 "칭찬을 받기"보다 사형 선고를 받을 때, 바울의 관점이 어
떻게 달라질지 누구나 궁금해할 것이다. 바울이 로마에 있는
그리스도인들에게 편지를 쓴 것은 네로 재위 초기 시절(주후
51-64년)이었다. 그때까지는 네로가 철학자요 원로인 세네카
와 장군 벌허스(Burrhus)의 지도와 통제 아래 있었다. 네로 통
치 말년에 (전통적으로 바울과 베드로의 순교를 비롯해서) 로마
에 있는 그리스도인들이 잔혹한 일을 당한 후였다면, 요한계
시록에서 요한이 로마의 권세를 비판했듯이, 바울도 "인간 권
세"에 좀 더 비판적인 입장을 취했을지도 모른다.[11]

---

11 사실, 로마서를 쓰기 전에도 바울이 로마 권세와 부딪친 일이 항상 긍정적인 경험은 아
니었다. 바울은 로마 당국자에 의해 형벌을 받았다("세 번 태장으로 맞고"는 로마의 형
벌을 암시한다. 고후 11:25). 하지만 바울이 로마 관리의 개입으로 유익을 얻은 것도 사
실이다(행 18:12-16). 저항 문학으로서의 요한계시록에 대해서는, Nelson Kraybill,
Apocalypse and Allegiance: Worship, Politics, and Devotion in the Book of

하지만 "모든 통치와 모든 권세와 능력을 멸하시고 나라를 아버지 하나님께 바칠 때"(고전 15:24) 곧 예수님이 강림하실 때, 당대 모든 인간의 권력 제도와 로마 제국 자체가 전복되기를 바울이 고대했다는 점에서, 그는 전적으로 혁명주의자였다. 통치자들과 권세들은 지금 이 시대에는 하나님의 목적에 기여할 수 있을지도 모른다. 하지만 그들은 일시적이며, 그리 멀지 않은 미래에 멸망하기로 정해져 있다.[12] 실제로 어느 순간 하나님은 "평화와 안전"에 대한 로마 정부의 선포를 뻔뻔한 자기기만이라고 비웃으신다(살전 5:3).[13] 바울이 로마 권세에 복종하라고 충고한 후에(롬 13:1-7) 바로 이어서 개종자들에게 하나님 나라와 그들의 구원의 날이 가까이 왔음을 상기시키고 있다는 사실은 의미심장해 보인다(롬 13:11).

바울은 이러한 혁명이 다가오고 있다고 말한다. 그러고 나서 그는 몇몇 중요한 방식으로 그리스도인들에게 마치 그 혁

Revelation (Grand Rapids: Brazos, 2010); David A. deSilva, *Unholy Allegiances: Heeding Revelation's Warning* (Peabody, MA: Hendrickson, 2013)을 보라.

12 하나님께서 예수님의 십자가로 이 "통치자들과 권세들"에게 이미 행하신 것과 관련하여 골로새서 2장에서 좀 더 부드럽게 진술된 내용과도 비교하라. "통치자들과 권세들을 무장 해제하시고 공공연한 본보기로 삼으시고 십자가로 그들을 이기셨습니다"(골 2:15).

13 로마 당국과 협력적 속국들은 팍스 로마나(*pax Romana*, 로마의 평화)나 팍스 아우구스티(pax Augusti, 아우구스티누스의 평화)에 관해서 이는 아우구스티누스가 시작하고 그의 후계자들이 영존하게 하는 안정적이고 안전한 정부라고 말했다. 팍스(평화)와 세쿠리타스(*Securitas*, 안전)는 그 시대 로마 동전 뒷면에 신이나 인물과 함께 새겨졌다.

명이 이미 일어난 것처럼, 그리고 기독교 운동의 한 영역인 우주가 이미 새로운 경영 아래에 있는 것처럼 살기 시작하라고 권한다. 바울 서신의 몇몇 진술이 이러한 방향을 지시한다.

> 그가[하나님께서] 우리를 흑암의 권세에서 건져내사 그의 사랑의 아들의 나라로 옮기셨으니, 그 아들 안에서 우리가 속량 곧 죄 사함을 얻었도다. (골 1:13-14)

> 그러나 내게는 우리 주 예수 그리스도의 십자가 외에 결코 자랑할 것이 없으니, 그리스도로 말미암아 세상이 나를 대하여 십자가에 못 박히고 내가 또한 세상을 대하여 그러하니라. 할례나 무할례가 아무것도 아니로되, **이제는** 오직 새로 지으심을 받는 것만이 **중요하니라.** (갈 6:14-15)

> 너희는 이 세대의 형식과 구조들(syschēmatizesthe)에 맞추지 말고 오직 마음을 새롭게 함으로 변화를 받아(metamorphousethe), 하나님의 선하시고 기뻐하시고 온전하신 뜻이 무엇인지 분별하도록 하라. (롬 12:2)

> 형제자매들아 내가 이 말을 하노니, 정해진 때가 단축하여졌으니, 이후부터 아내 있는 자들은 없는 자같이 하며, 우는 자들은 울지 않는 자같이 하며, 기쁜 자들은 기쁘지 않은 자같이 하며

매매하는 자들은 없는 자같이 하며, 세상 물건을 쓰는 자들은 다 쓰지 못하는 자같이 하라. 이 세상의 현재 모습은 지나감이니라. (고전 7:29-31)

골로새서의 진술은 현 세상 질서에 대한 가차 없는 기소이기도 하고 이미 통치자가 바뀌었다는 선언이기도 하다. 그렇다면 그리스도인에게 주어진 도전은 이것이다. "흑암의 권세" 안에 있으면서도 "[그] 사랑하는 아들의 나라"의 노선에 맞춰서 공적이고 개인적인 삶을 정돈해 나가는 시민으로서 살아가야 한다는 것이다. 그 나라는 아들이신 예수님의 가르침과 본보기를 기초로 세워진다. 갈라디아서의 진술은 바울의 삶(더 나아가 바울의 삶과 동일한 변화의 방향으로 행하는 신자의 삶)이 특히 *stoicheia tou kosmou*의 지배로 표현되는 "코스모스"의 구조, 세력, 근본적인 논리, 우월성과 완전히 결별했음을 선언한다. 다시 한 번 바울은 하나님이 보시기에 중요한 것은 할례를 받았는지 받지 않았는지, 그래서 현재 이 세대에서 어떤 특정한 민족 그룹에 속해 있는지가 아니라, 하나님이 이루고 계시는 "새 창조"에 속해 있는 것이라고, 다시 말해서 이 세대의 논리가 사람들에게 강요하는 온갖 종류의 구분(다시 갈라디아서 3:28을 보라)과 상관없이, 그 구분을 초월하여 살아가는 창조의 일부분이 되는 것이라고 선언한다. 이것은 로마서가 권면하는 말씀의 속뜻이기도 하다. 앞에 제시한 번역은 그리스도인들이 두 가지 중에서 선택해야 함을 강조한다. 자신을 이 현재의 악한 세대의 형식과 구조에 계속 억지로 맞출 것인지, 아니면 그러한 형식과 구조를 깨고 하나님의 영이 그들 안에서, 그리고 그들 가운데에서 일으키시는 변화에 자신과 자신의 삶을 계속해서 드리고 그 변화에 맞출 것인지 말이다. 이 현재 세상에서 이처럼 "없는 자같이(as if not)" 살아가는 것, 다시 말해서 이 세상의 일과 질서가 사람들이 집중해야 하는 방향을 설정하는 궁극적이고 바꿀 수 없는 삶의 방식이 아닌 것처럼 살아가는 모습은, 현재 세상은 일시적이라는 사실, 곧 "이 세상의 현재 모습은 지나"가는 것임을 입증하는 살아 있는 증거가 된다.

  이와 같은 재구성이 필요한 삶의 모든 영역에서, 그리스도인은 하나님 나라의 가치와 복음의 명령대로 살아가는 일에 충분한 여지를 주지 않는 방식과 구조에서 벗어났다(또 그렇게 살아가도록 강하게 요구받기도 한다). 이제 그리스도인은 이러한 가치와 명령을 실행할 수 있는 새로운 방식과 구조를 창조해야 한다. 바울은 혁명적인 실천으로 이어지는, "하나님의 집"에 대한 혁명적인 개념을 설파하면서 이런 일이 이루어지고 있음을 보여 준다. 이러한 실천 사항 중에서 가장 두드러지는 것은 그리스도께서 이루시는 "새 창조" 안에서 그리스도인 주인과 그리스도인 종이 형제자매가 되었다고 선언함으로써 (로마 제국주의 저변에 깔려 있는 스토이케이아로 인한 사회 구조인) 주인과 종의 관계를 해결한 것이다. 그래서 그리스도인 주인과 종은 더 이상 옛 관계에 근거하여 서로를 대우할 수 없으며(몬 15-16), 새 창조의 근본적인 스토이케이온(stoicheion) 아래에 놓인 주인-종 관계의 질서 속에 들어가야 한다. 이것이 서로 종노릇하는 것으로써 표현되는 사랑이다 (갈라디아서 5:13의 구체적인 적용 본문인 에베소서 6:9).

stoicheia tou kosmou, 곧 이 현 세상 질서의 배후에 놓인 세력들과 원리들을 구별해 내기란 어렵다. 이 현 세상의 질서를 당연한 것으로 생각하도록, 우리는 태어날 때부터 사회화되었기 때문이다. 사물이 존재하는 그 방식은 본질적이고 의문을 제기할 수 없고 자명한 것이라고 우리는 아주 어릴 때부터 배워 왔고, 그 방식에 의문을 제기하는 것은 참 어려운 일이다. 어떻게 의문을 제기해야 하는지 그 방법을 아는 것조차 어렵다. 이를 분별할 수 있도록 성경은 기본적인 자료를 제공해 준다. 예를 들어, 우리는 예수님의 말씀을 주의 깊게, 그리고 천천히 전부 다 읽는다. 우리는 우리의 삶에서, 우리 신앙 공동체에서, 전체 지역사회에서 예수님의 가르침을 온전히 구현하고 그 가르침대로 사는 것이 어떤 모습일지를 생각한다. 그렇게 할 때, 우리는 실천하기가 불가능하다며 즉각 제

쳐 놓았거나 어느 정도까지 순종할 수 있을지 생각만 하고 거기서 더 나아가지 못했던 몇 가지 말씀들을 이해하게 된다. 만일 우리가 이 본문들을 공동체에서 공부해 보면, 우리 자신이나 우리 옆에 있는 사람이 "그 말씀은 실천하기 어렵다."라거나 "현실 세계, 곧 이 세상에서는 그렇게 살 수 없어."라고 거부하는 말씀들일 수 있다. 그렇다면, 이것은 "현실 세계, 곧 이 세상"의 관습, 구조, 논리, 우선순위에서 잘못된 것을 발견하기 위해 우리가 집중해야 할 본문들이다. 이러한 "세상"은 그 지혜로는 하나님을 알지 못하며, 이 "세상"은 예수님의 교훈을 수용할 수 없는 "현재의 악한 세대"다. 여기서 한 걸음 더 나아가 이런 도전이 제기된다. 곧 예수님의 가르침대로 온전히 살 수 있는 대안적인 구조를 만들어 내기 위해 그리스도인들이 해야 할 일이 무엇인지(종종 그리스도인 개인이 혼자 힘으로 할 수 있는 것보다도 공동체에 속한 그리스도인들이 해야 할 일이 무엇인지에 대한 대답이 필요할 것이다)를 물어야 한다.

예를 들어, 예수님이 젊은 부자를 만나신 사건은 전형적으로 실천적인 삶의 "현실"에 도전하게 만드는 것을 목적으로 하는 말씀들을 생각나게 한다.

어떤 사람이 주께 와서 이르되, "선생님이여, 내가 무슨 선한 일을 하여야 영생을 얻으리이까?" 예수께서 이르시되, "어찌하여 선한 일을 내게 묻느냐? 선한 이는 오직 한 분이시니라. 네가 생명에 들어가려면 계명들을 지키라." 이르되, "어느 계명이오니이까?" 예수께서 이르시되, "살인하지 말라, 간음하지 말라, 도둑질하지 말라, 거짓 증언 하지 말라, 네 부모를 공경하라, 네 이웃을 네 자신과 같이 사랑하라." 하신 것이니라. 그 청년이 이르되, "이 모든 것을 내가 지키었사온대, 아직도 무엇이 부족하니이까?" 예수께서 이르시되, "네가 온전하고자 할진대 가서 네 소유를 팔아 가난한 자들에게 주라. 그리하면 하늘에서 보화가 네게 있으리라. 그리고 와서 나를 따르라." 하시니. (마 19:16-21)

우선 청년이 예수님의 제자가 되기 위해 자기 재산을 다 처분하는 것은 **그 당시** 급진적이고 비현실적인 행동이었을 것이라고 말할 필요가 있다. 누군가 **지금 여기에서** 그렇게 행동하는 것이 그런 일로 여겨지는 것처럼 말이다. 그 청년이 돈에 대해 건강하지 못한 태도로 집착하는 것과 같은, 돈과 관련된 문제가 그 청년에게 있음을 예수님이 간파하셨고, 그래서 특히 이 문제에 근거해서 그에게 도전하신 것이라고 주장함으로써 이 본문을 자기 마음대로 해석하는 사람들이 있다. 하지만 예수님의 도전은 그 청년이 하나님의 계명들을 다 지켰다고 스스로 확신한 데서 비롯된 것으로 보인다. 나라에 일용할

양식이 부족해서 이웃들이 죽어 가고 있는 와중에 자신은 미래에 대비하고 자신의 안전을 지키기 위해 재물을 축적해 왔다면, 어떻게 그가 정말로 자기 이웃을 자기 몸처럼 사랑한다고 주장할 수 있겠는가? 예수님의 도전은 바로 이 지점에서 시작된다.[14]

실제로 하나님의 계명을 지키고 있지 않으면서도 자신은 그 계명을 다 지켰다고 확신하는 청년의 사례는 예수님의 제자가 되려고 하는 사람이라면 누구나 경고성 이야기로 받아들여야 한다. 청년은 재물 사용과 관련해서, 이웃 사랑에 대한 하나님의 비전에 자신을 맞추는 대신에, 세상의 지혜에 따라 행동하는 그 한계 안에서 "이웃을 자신처럼 사랑하고" 있었다. 예수님이 보시기에, 이것은 그의 삶이 하나님의 계명으로 말미암아 아직은 하나님 앞에서 충분히 "온전하게"("완전하게") 변화되지 못했음을 의미했다.

이것이 유별나게 돈에 집착하는 특정한 개인에게 주는 특별한 도전으로 제기된 것이 아니라는 사실은, 예수님의 보다

---

14 자신을 위해 재산을 쌓아 두는 대신에, 가난한 사람들의 현재 어려움을 덜어 주기 위해 재산을 나눠 주는 것이 자기 미래를 대비하는 데 더 나은 방법이라는 사상은 예수님께 새로운 것이 아니었다. 이런 일은 수 세기 전에 Sir 29:9-12와 Tob 4:8-10에서 권고되었다. D. A. deSilva, *The Jewish Teachers of Jesus, James, and Jude: What Earliest Christianity Learned from the Apocrypha and Pseudepigrapha* (New York and Oxford: Oxford University Press, 2012), 68-82, 93-100을 보라.

넓은 가르침으로 볼 때 매우 분명하다. 젊은 부자 청년이 받았던 도전은 모든 제자들이 받은 도전이기도 하다.

너희를 위하여 보물을 땅에 쌓아 두지 말라. 거기는 좀과 동록이 해하며 도둑이 구멍을 뚫고 도둑질하느니라. 오직 너희를 위하여 보물을 하늘에 쌓아 두라. 거기는 좀이나 동록이 해하지 못하며 도둑이 구멍을 뚫지도 못하고 도둑질도 못하느니라. (마 6:19-20)

너희 소유를 팔아 구제하여 낡아지지 아니하는 배낭을 만들라. 곧 하늘에 둔 바 다함이 없는 보물이니, 거기는 도둑도 가까이 하는 일이 없고 좀도 먹는 일이 없느니라. (눅 12:33)

초창기 그리스도인들은 이 교훈의 속뜻을 분명히 이해했다. 요한일서 저자는 형제자매의 궁핍함을 도와주지 않으면서 (예수님으로 말미암아, 이웃을 사랑하라는 계명과 연결된 계명인) 하나님을 사랑한다고 주장하는 것은 가능하지 않다고 말한다 (요일 3:17). 「헤르마스의 목자」(*Shepherd of Hermas*)의 저자는 다음을 기록할 때 특히 예수님의 이 말씀을 주석한 것 같다.

그렇다면 땅을 사는 대신에, 각 사람이 할 수 있는 대로, 곤궁함에 처한 영혼들을 구원하라. 과부와 고아를 돌보고 그들을 방치하지 말라. 주님께 받은 너의 재산과 모든 소유를 이런 유의 땅과 집에 사용하라. 주님께서 너를 부자가 되게 하신 까닭이 바로 이것이니, 곧 이것이 그분을 위한 섬김을 성취하는 일이다. 네게 적합한 도시[즉, 하늘의 도시]에 거주하게 될 때, 네가 그곳에서 발견하게 될 이런 땅과 소유와 집을 사는 것이 훨씬 낫다. (*Parable* 1.8-9, 저자 번역)

그렇다면 예수님의 명령이 우리에게 요구하는 수준대로, **우리가** 그 명령에 반응하지 않는 까닭은 무엇일까? 인정하건대, 우리는 **그리스도인** 형제자매의 현재 궁핍함을 덜어 주기 위해 돈을 쓰는 대신에, 어쩌면 은퇴를 대비하여 저축이라는 형태로, 또는 꼭 필요하지 않은 물건들을 쌓아 두는 형태로 자신을 위해 보물을 쌓는다. 왜 그럴까? 부분적인 이유는, 지각 있는 사람은 훗날을 위해 은퇴에 대비해 돈을 모아 두는 것이라고, 또한 그렇게 돈을 모을 수 있는 사람이 그렇게 하지 **않는** 것은 거의 생각도 할 수 없는 일이라고, 세상 지혜는 우리가 아주 어릴 때부터 가르쳐 주었기 때문이다.

내가 처음 이사회에 들어갔던 신학교의 "일괄 계약서"에 퇴직개인연금계좌가 있었는데 여기에는 피고용인과 고용자 분담금이 있다. 피고용인 분담금은 고용자 측의 대응 프로그램에 의해 인센티브를 받았다. 하나의 예에 해당하지만, 미국 교직원퇴직연금기금(TIAA-CREF)의 내 개인 계정에 있는 현재 금액으로 월드비전을 통해 향후 12년간 스물네 명의 아이들을 지원할 수도 있다. 그러나 세상 지혜는 내게 말하기를, 먼저 생각해야 할 것은 나와 내 아내가 은퇴 후에 품위 있는 삶을 유지할 수 있는가 하는 것이지, 그 스물네 명의 아이들이 평생 자급자족할 수 있도록 지원하는 것이 아니라고 한다.

예수님께는 분명히 쉬운 선택일 것이라고 나는 생각하지만, 그럼에도 내게는 쉬운 선택이 아니다. 이러한 선택에 직면해서, 우리는 현재 이웃의 어려움을 덜어 주는 대신에 자신의 은퇴를 대비해서 저축해야 한다고 생각하게 만드는 사회 구조에 대해 고민해야 할 공동체에 속한 그리스도인으로 부름을 받았다. 결과적으로 스토이케이온은 다음 세대가 그 이전 세대에게서 근본적으로 독립하는 것과 관련이 있다. 쉽게 표현해서, 부모가 자녀를 더 이상 뒷받침할 수 없게 되면, 그 후에 자녀들은 자신의 재산과 에너지를 부모를 돌보는 데 쓰려고 생각하지 않는다. 또 다른 필연적인 스토이케이온은 생산성을 유지하고 그로 인해 특정한 나이(상당히 임의적인)가 지난 후에도 돈을 벌 수 있다고 생각하기보다는 "은퇴"를 먼저 생각하는 것이다. 우리의 재물을 좀 더 온전히 사용해서 예수님의 비전을 감당할 수 있게 하는 새로운 사회구조와 가치와 헌신과 관습을, 우리는 공동체에 속한 그리스도인으로서 어떻게 마련할 수 있겠는가?

 정상적이고 당연하고 바람직한 것이라는 생각을 이 사회가 우리에게 심어 주었기 때문에 우리가 필요하다거나 "세상이 돌아가는 방식"이라고 당연시하고 있는 것은 무엇인가?

 예를 들어, 한 가족이 한곳에서 함께 살아야 한다는 생각에 대해서는 거의 문제를 제기하지 않으면서, 한 지붕 아래에서 다른 가족들과 공동으로 사는 소수의 사람들은 괴짜(또는 공산주의자)로 여겨진다. 하지만 공동생활 방식이라면, 압류당하거나 퇴거당하지 않고 더 많은 사람들이 안정적인 주거생활을 할 수 있지 않을까? 이러한 방식이라면, 가족들이 공동 수입에서 더 많은 돈을 떼어 가난한 사람들을 구제하는 데 지출할 수 있지 않을까? 여러 사람이 집 한 채만 유지하면 되고 저녁시간에 아이들을 돌볼 때도 부부 중 한 사람이 있어야 하는 것이 아니라 여섯 부모 중에서 한 사람만 있으면 되기 때문에, 이런 방식이라면 그 부모들이 더 자유롭게 다양한 사역에 헌신할 수 있지 않을까?

 세상 지혜에 따라 운영하는 회사들처럼, 동일 노동이라도 임금 차이가 극심한, 또는 노동 유형(예컨대, "경영" 대 "노동")에 따라 임금 차이가 극심한 계층적 노동 구조 안에서 "기독교" 모임을 조직하는 일은 거의 논의되지 않는다. 이런 회사가 표준 사업 모델로 적절한가?

현 세상의 스토이케이아에는 공동체에 속한 그리스도인들이 비판적으로 검토해야 할 여러 요소들이 수없이 많다. 내가 이 문제들이나 그 밖의 다른 사례들에 대한 답을 가지고 있는 척하지는 않겠다. 중요한 것은 우리가 이런 질문들을 제기하기 시작했다는 것이며, 그래서 하나님으로 말미암은 우리 삶과 우리 공동체의 변화가 우리의 "옛 자아"나 그리스도인 공동체와 관련된 구습뿐만 아니라, 하나님의 의와 그리스도의 가르침에 완전히 맞추려는 우리의 노력에 저항하는 옛 구조 자체를 버리게 하는 구조적 단계에까지 영향을 미칠 수 있다는 것이다. 바울의 비전에 담긴 이러한 차원대로 살아간다면, 장차 올 세대에서 이루어질 이 변화의 절정을 우리의 삶으로 온전히 증언하게 된다.

3. 창조세계 자체의 변화

바울은 개인의 변화는 물론이고, 예수님께서 그들 안에서 새로 육체를 입고 계시는 공동체 즉 예수님께 헌신한 사람들의 공동체의 변화뿐만 아니라 우주(cosmos) 자체의 변화를 갈망한다. 이 소망에 대해서 바울은 철저히 묵시적이다. 다시 말해서, 요한계시록을 기록한 요한이나(특히 21:1-22:5을 보

라) 우주 대화재와 갱신에 대한 비전을 보여 주는 베드로후서 (3:7-13) 못지않게 바울 역시 우주의 변화를 고대한다.

바울은 사람들과 공동체와 우주에 하나님이 행하신 놀라운 변화의 시작과 그 성취 사이의 긴장 속에서 일어나는 삶의 도전들을 말하면서, 로마서 8장에서 글의 흐름에서 약간 벗어나 이 소망을 충분하게 설명한다.

피조물이 고대하는 바는 하나님의 아들들이 나타나는 것이니, 피조물이 허무한 데 굴복하는 것은 자기 뜻이 아니요, 오직 굴복하게 하시는 이로 말미암음이라. 그 바라는 것은 피조물도 썩어짐의 종노릇한 데서 해방되어 하나님의 자녀들의 영광의 자유에 이르는 것이니라. 피조물이 다 이제까지 함께 탄식하며 함께 고통을 겪고 있는 것을 우리가 아느니라. 그뿐 아니라 또한 우리 곧 성령의 처음 익은 열매를 받은 우리까지도 속으로 탄식하여 양자 될 것, 곧 우리 몸의 속량을 기다리느니라. 우리가 소망으로 구원을 얻었으매. (롬 8:19-24a)

바울은 개인이 그리스도의 영광을 본받는 것으로 변화되는 것과 우주 자체의 변화 사이에 존재하는 신비스러운 상호 연결에 대해 말한다. 우리의 유한한 육체는 그 자체가 "창조"의 일부분이다. 그래서 그 상호 연결은 창조된 존재로서의 우리

본성에 내재되어 있고, 하나님의 보다 큰 창조세계에 절대 필요한 구성 요소이다. 하나님 나라의 최종적 성취를 바라는 우리의 탄식은 물리적인 피조물 전체도 함께하는 탄식이며, "사망"의 최종적인 멸망(고전 15:25-26)은 "우리의 몸"뿐만 아니라 전체 피조물을 위한 갱신과 해방의 좋은 소식이다.

바울에 의하면, 타락은 사람들에게만 영향을 준 것이 아니라 피조물(또는 "자연") 전체에도 영향을 주었다. 개인과 인간 사회와 구조만 하나님의 선한 목적에서 이탈한 것이 아니라 자연 자체도 위태로워졌다. 인간들처럼, 피조물 자체도 "허무하다"는, 허사가 되었다는, 피조물을 향한 하나님의 선하심에 이르지 못했다는, 그래서 궁극적으로 약하고 죽을 운명에 처한 사람들처럼 동일한 죽음의 세력과 죽음의 한계에 굴복하리라는 선고를 받았다. 우리의 유한한 육체 안에서 그러하듯이, "사망"은 피조물 전체에까지 작용하고 있다. 모든 동물은 다 죽고 썩는다. 바울은 선교 여행 과정에서, 태곳적 저주(창 3:17)를 상기시키는 불모지가 넓게 펼쳐진 것과 사람들이 경작하러 가야 할 넓은 땅을 보았다. 지진과 해일(그로 인한 홍수)은 지중해 동쪽에서는 거의 일반적인 현상이며, 바울은 갱신과 변화를 고대하는 피조물 자체의 탄식과 깊은 한숨을 생각하면서 이와 같은 상황을 염두에 두었을 것이다. 10월부터 그다음 해 3월까지 건널 수 없는 지중해는 그 자체가 피조물의 격변과 무질서의 변함없는 증거였다. 바울이 로마서를 쓴 후 20여 년이 지났을 때, 베수비오 화산은 번창하고 있던 두 도시를 묻어 버렸는데, 이는 피조물이 무질서와 죽음에 굴복한다는 극적인 증거다. 피조물 또는 "자연" 그 자체가 이 현재의 악한 세대에 작용하는 썩어짐과 죽음의 세력에 종노릇하던 것에서 해방될 것이라는 소망은 바울 "복음"의 한 부분이다. 큰 소리를 내지는 않지만, 그럼에도 불구하고 복음의 일부인 것은 확실하다.

비극이 닥칠 때 하나님의 정의는 어디에 있느냐는 신정론의 질문은 사람들이 직면하는 가장 복잡하고 가장 중요한 문제다. 어떤 사람이 계속 자기 믿음 안에 거할 것인지는, 때로 그가 고난의 때에 이 질문에 대한 충분한 대답을 찾을 수 있는지에 달려 있다. 나는 더 큰 질문을 제기할 생각은 없다. 그러나 우리의 유한한 몸과 함께 창조세계 자체가 허무하고 썩어지고 죽음의 힘에 굴복하고 있다는 바울의 개념, 그리고 우리가 죽음의 세력에 굴복하고 있는 와중에 피조물이 우리와 함께 탄식하고 있다는 바울의 개념이 우리에게 더 큰 질문을 제기하리라고 나는 생각한다.

동남아시아 전체에서 20만 명 사망자와 150만 명 이재민을 발생시킨 2004년 쓰나미는 하나님이 인간에게 저지르신 폭력 행위가 아니었다. 자연이 의도적으로 행한 그 어떤 것도 아니었다. 그때 발생한 쓰나미는 자연 자체가 죽음과 허무한 데 굴복한 표지였으며, 하나님께서 인간과 창조 자체를 구속해 주시기를 갈망하면서 자연이 탄식한 사건이었다. 선천성 결손을 가지고 태어나 삶이 시작되기도 전에 목숨을 빼앗긴 아기나, 긴 인생의 과정 동안 존재 자체를 위협할 질병을 갖고 태어난 아기는 하나님의 변덕스러움으로 인한 희생자가 아니라 자연이 이와 같은 허무함과 썩어짐에 굴복한 결과이다. 그 부모들 곁에서 자연은 하나님께서 우리의 상황을 구속해 주시기를 갈망하며 탄식한다. 두 가지 경우에 모두, 하나님의 영도 "말할 수 없는 탄식으로" 간구하시는데(롬 8:26), 비극을 의도하시는 것이 아니라 완성(consummation)의 날이 오기를 기도하고 그날을 바라는 사람들과 함께하신다.

"좋은 소식"은 구속이 실제로 일어날 것인데 이 구속은 현재 엉망이 되어 있는 전체 **세상**(*kosmos*)을 포함한다는 것이다. 그리스도 안에서 새롭게 된 인간이 사망에서 벗어나 영원한 존재로 변화될 때, 하나님의 자녀들이 모든 죽음의 세력에서 해방되는 영광스러운 일에 피조세계도 참여할 것이다. 그때에는, 존 돈(John Donne)의 말대로, "사망, 너는 죽을 것이다."[15] 이제 그리스도 안에 있는 새사람은 소망해야 한다. 이

---

15 John Donne, "Death Be Not Proud," published in *Songs and Sonnets*, 1633; 참조.

는 현재의 모든 불행을 해결하기 위해 하나님이 행하시는 변화를 받아들이는 일에 온전히 헌신하는 사람들이 (소극적으로 기다리고 있는 소망이 아니라) 적극적으로 갈망하고 있는 소망이다.

이제, 그때까지, 마음을 높은 곳에 두고
우리는 그 나라를 위해 동경하고 탄식해야 한다.
사랑스러운 고향 예루살렘을 구하라.
바벨론 강가에서의 길고 긴 포로 생활 내내.[16]

고전 15:26.

16 From Peter Abelard's poem *"O quanta qualia sunt illa Sabbata,"* trans. John M. Neale. in *Hymnal Noted*, ed. J. M. Neale and Thomas Helmore (London, 1854; repr., Glendale, CO: Lancelot Andrewes Press, 2010). 주류 교파에서 사용 중인 현대 찬송가 책에 나오는 찬송가 "O What Their Joy and Their Glory Must Be"이다.

저자 색인

Abelard, Peter(아벨라르) 212n16
Aristotle(아리스토텔레스) 148, 159, 169

Bailey, Daniel(베일리) 97
Balch, David(발취) 170n11
Barclay, J. M. G.(바클레이) 122n15, 126n19, 157n7
Bauer, Walter(바우어) 56n19, 57n21, 60n27, 145n4, 148n5, 180n2
Beilby, James(베일비) 55n18, 95n1
Beker, J. Christiaan(베커) 181n4
Betz, Hans D.(베츠) 121n14, 126n19
Bird, Michael(버드) 27n3, 48n13, 51n15, 53n16, 55n18, 61n28, 65n32, 118n11, 122n15
Boers, Hendrickus(보어스) 43n9
Bruce, F. F.(브루스) 31n5, 33n6

Calvin, John(칼뱅) 164
Cicero(키케로) 43n10

Danker, Frederick(댄커) 56n19, 57n21, 60n27, 145n4, 148n5, 180n2
deSilva, David(드실바) 22n4, 31n5, 33n6, 36n8, 75n39, 84n44, 104n5, 117n10, 137n2, 157n7, 170n11, n12, 187n7, 195n11, 202n14
Donne, John(돈) 80, 211
Dunn, James D. G.(던) 31n5, 33n6, 123n17

Eddy, Paul(에디) 55n18, 95n1
Engberg-Pedersen, Troels(엥베르크-페더슨) 122n15

Feldman, Louis H.(펠드먼) 157n7
Ferguson, Everett(퍼거슨) 160n9
Fronto(프론토) 43

Gabba, Emilio(갑바) 157n7
Garland, David(갈런드) 138n3
Garlington, Don(갈링톤) 122n16
Gathercole, Simon(개더콜) 26n2, 61n28
Gorman, Michael(고먼) 55n18

Johnson, Luke Timothy(존슨) 75n39
Josephus(유세푸스) 56n19, 59n25

Kinnaman, David(키너맨) 45n11
Kraybill, Nelson(크레이빌) 194n11

Long, A. A.(롱) 138n3
Longenecker, Richard(롱네커) 31n5, 33n6, 121n14
Luther, Martin(루터) 28, 164
Lyons, Gabe(리온스) 45n11

Martyn, J. Louis(마틴) 188n8
Moxnes, Halvor(목스네스) 170n11

Origen(오리게네스) 176
Osiek, Carolyn(오시에크) 170n11

Räisänen, H.(레이제넨) 51n15
Ramachandra, Vinoth(라마칸드라) 190n9
Reinhold, Meyer(라인홀드) 157n7
Ryle, J. C.(라일) 25

Sanders, E. P.(샌더스) 51n15

Schlatter, Adolf(슐라터) 28n4
Schrenk, Gottlob(슈렝크) 53n16, 56n19, 58n22, n23, 59n25, 60n26, 63n30, 99n4, 113n9
Seifrid, Mark(세이프리드) 28, 28n4, 55n18, 59n25, 60n26, 73n37, 99n3, 108n8
Seneca(세네카) 84, 86, 86n45, 87
Snodgrass, Klyne(스노드그래스) 26, 26n2, 67n34
Spicq, Ceslaus(스피크) 56n19, 57n20, 69n35
Stewart, David J.(스튜어트) 19n3

Talbert, Charles(탈버트) 62n29, 63n30, 97n2, 124n18
Teamoh, George(티모) 160

Watts, Isaac(왓츠) 90
Wesley, John(웨슬리) 27n3, 117, 117n10, 164
White, Dale C.(화이트) 190n9
Wilson, Bryan(윌슨) 192, 192n10
Wink, Walter(윙크) 190n9
Witherington, Ben, III(위더링턴) 31n5, 33n6
Wright, N. T.(라이트) 51n15, 53n16, 55n18, 61n28, 65n31, 66n33, 72-73, 73n38, 80n41, 83n43, 118n11, 177n1

주제 색인

가정의 회심 169
가족 169-175, 206
　　하나님의 57n21, 134-137,
　　148-150, 161-162
갈라디아 63-64, 121, 158
감사 86-87, 89, 91, 165
개신교 14, 23, 28, 66n33, 104, 134
개인주의 134, 176
거룩함 24, 27n3, 42, 65n32, 99-103, 118n11, 130
겸손 114, 144, 155, 165
고넬료 169
고린도 34, 163
공동 재산 148-158, 206
공동체 133-176, 199, 205, 207
　　신앙 공동체 21, 118, 155, 177;
　　'가족: 하나님의 가족'도 보라.
교파주의 163-165
교회 45, 142, 144, 145, 147, 149, 150, 151, 156, 158, 161-162; '그리스도의 몸', '가족: 하나님의 가족'도 보라.
　　교회 밖의 구원 176
　　초대교회 119, 148, 163
구원 49, 54, 65n32, 74-81, 88, 90, 101, 176, 178; '자유/해방: 죄의 권세로부터 자유'도 보라.
구원의 서정(*ordo salutis*) 28n4
구원의 확신 72, 113n9, 74-80,
118n11
군국주의 190
권리 152-155
권세(authority, 세속) 192-195
그리스도의 날 37, 69, 70; '심판: 최후의 심판'도 보라.
그리스도의 몸 134-142; '가족'도 보라.
그리스도의 형상 34, 35, 37, 74, 103, 115, 155
그리스-로마 사회적 관습 81-86, 94, 157n7, 159-160, 170n11
그리스인 159, 188; '이방인', '유대인'도 보라.
기도 115
기독론 53n16

네로 194
노예(제도) 159-160
　　~의 위법성 174

다양성 167
당파심 162-168
디아스포라 157n7

로마서 도로 17-19
루디아(Lydia) 169

마르쿠스 아우렐리우스 43
모세
　　언약 34
　　율법, '토라'를 보라.
무할례 44, 64, 103, 196
묵시 사상 181, 207
민족적 구분 66, 137; '사회적 구분'
　　도 보라
민족적 정체성 67
믿음 20, 21, 26, 27, 27n3, 29, 37,
　　51, 53n16, 65, 65n31, n32, 66,
　　66n33, 67n34, 80n41, 81, 90,
　　106-109, 113n9, 169
믿음의 고백 14, 18, 27n3, 51, 54,
　　149, 165

벌허스(Burrhus) 194
베드로 119n12, 158, 194
베수비오(Vesuvius) 210
복종(submission)
　　남편에 대한 아내의 172-173;
　　'위계질서: 성(gender)'도 보라.
　　상호간의 170-175
부활
　　예수님의 22, 35, 38, 48, 60n27
　　일반적인 33, 49, 132, 151
불순종 45, 57, 77
빌레몬 160-161
빌립보 69, 78, 154, 169

사라(아브라함의 아내) 108
사랑 26, 65, 67n34, 84, 150, 199,
　　202, 203

그리스도의 83
하나님의 18, 75, 90, 96,
　　118n11, 134
사회 변화 158, 177-178, 205-207
사회적 구분 66n33, 159, 175
상호성(reciprocity) 82, 85; '후원'도
　　보라.
새 생명 60n27, 109, 114, 125; '새 창
　　조'도 보라.
새 언약 34-35
새 창조/ 새 피조물(new creation)
　　26, 36-37, 59n25, 67n34, 100,
　　104, 111, 160, 197-199
성령 20, 22, 25, 27n3, 35, 38, 53,
　　53n16, 61n28, 62, 64, 65n32, 70,
　　102, 103
　　~을 주심 16, 49, 88
　　~의 은사(선물) 63, 89, 117-127
　　~의 인도 49, 52, 68, 73-74, 91,
　　101, 105, 115
성례 165-168
성 포괄어(gender inclusive language)
　　136n1
성화 24-29, 62
세례 43n9, 44, 51, 165, 168
　　유아 세례 165, 168
세상(the world) 105-106, 129, 151,
　　156, 162, 179-189, 198-200; '우
　　주'도 보라.
소망 64, 130, 131, 151, 207-208,
　　210-212
속죄 95-96; '형벌적 대속론'도 보
　　라.
순두게 147
순종 27n3, 42, 65n32, 68, 71, 107,
　　109, 125, 149, 200

예수님의 32-33, 71, 184
   토라/율법에 대한 57n19
스데바나, 고린도의 169
스토아 철학 138, 139, 141
스토이케이아 투 코스무(stoicheia tou kosmou) 186-189, 197-199
신앙고백 27, 29, 81
신정론(theodicy) 210
심판 26n2, 47, 60n26, 92, 165
   최후의 29, 55-56, 61, 77
   하나님의 29, 38-39, 40, 42, 43
   행위에 대한 51, 58n23, 61n28, 62n29, 113n9
십자가 75, 95, 101, 113n9, 183, 184, 195n12
십자가에서의 죽으심 53n16, 74, 97, 98, 113n9
   그리스도와 함께 십자가에 죽음 30-32, 82-83, 98, 113-114, 120, 124, 132
   육체가 십자가에 달림(crucifixion of the flesh) 49, 65

아담 71
아볼로 164
아브라함 106-109, 108n8, 119-120
안디옥 갈등 158
안식일 167
알코올 145
언약 34, 42; '새 언약'과 '공동체: 신앙 공동체'도 보라.
에베소 74
연합 32, 115, 121, 142, 158
영생 16, 18, 19, 26n2, 33
영적인 훈련 112, 115, 163

예배 형식 168
예전(liturgy) 167-168
오네시모 160-161
오네시보로 169
옷 입음 36, 110, 114-115, 144
용서/죄 사함 63n30, 69, 92, 94, 98, 134, 147-148; '화해'도 보라.
   하나님 가족 안에서의 136, 146-148
우상 152, 189
우상 숭배 40, 183
우주(cosmos, 코스모스) 21, 40, 139, 177-184, 186, 207-208; '스토이케이아 투 코스무'도 보라.
위계질서(hierarchy)
   사회적 183-186, 206
   성(gender) 169; '복종: 남편에 대한 아내의 복종'도 보라.
유대 39
유대교 53n16, 58
유대인 33, 41-43, 65, 66, 104, 119n12, 157, 159, 167; '이방인', '그리스인'도 보라.
유오디아 147-148
육체(flesh) 49, 53, 65, 121, 124, 126, 164
율법 20, 33, 37, 51n15, 62n29, 64, 67, 122n15, 123, 126
은혜 15, 16, 18, 40, 44, 46n12, 66, 80n41, 81-91, 96-97, 106, 155
의(righteousness) 56-64, 66-72, 92-93, 108, 120
   예수님의 46, 71
   하나님의 29, 32, 40, 52, 59n25, 67, 92, 123

행위로 말미암는 26, 63, 64-67
이방인 33, 40, 41, 66, 68, 119n12, 148, 157; '유대인', '그리스인'도 보라.
이스라엘 백성 43, 45, 66
입양 135-136, 208

자유/해방 89, 93-110, 127-132
    죄의 권세로부터 89, 122
저작성(authorship)
    골로새서 75n39, 170n12
    디도서 75n39
    디모데전후서 75n39
    에베소서 36n8, 170n12
제자도 21, 51, 128, 151
종교개혁 25, 62, 82, 118n11
죄 17-18, 20, 29, 52, 58, 63n30, 96, 101, 118, 123, 145, 180
    ~의 권세 121-126
    ~의 기원 71
죽음/사망 18, 33, 71, 124, 128, 129-131, 209, 211
    ~에 대한 두려움 128
    예수님의 14, 16, 18, 19, 22, 32, 35, 38, 46n12, 77, 84, 89, 95, 97, 113n9, 120
    옛 자아에 대한 51n15, 113, 116, 117
    토라/율법에 대한 31, 83
중생 75, 81, 100, 124n18
지혜 181-185, 202, 205

칭의 16, 24-26, 28, 29, 38, 46n12, 53n16, 55-74, 92, 98, 99, 107, 113n9, 120

타락 180, 181, 189, 209
토라 31-32, 45, 63, 65, 68, 107, 121, 123, 124, 167, 184, 189
    ~의 저주 119

편애
    그리스-로마 문화에서의 43-44
    하나님의 38-46, 56

하나님의 나라 49, 178, 180, 195, 197, 198, 209
하나님의 약속 107-109, 117, 119
하나님의 정의 40, 47, 93, 210
하나님의 진노 39, 40, 68, 96
하나님의 형상 38, 102, 113, 177n1
할례 33, 37, 43, 44, 64, 107, 159, 197; '무할례'도 보라.
혁명적 192-193, 195, 198
형벌적 대속론 95n1
화해 155
    하나님 가족과의 146-148, 162
    하나님과의 14, 98
후원(patronage) 82

성경 색인

구약 성경

창세기
3:17	209
15:6	107

출애굽기
	96
16:14 - 21	149
16:18	149

레위기
	96
11:44	159n8
11:45	159n8
19:2	159n8
20:7	159n8
20:22 - 26	159n8
20:24	159n8

신명기
27:26	119

역대하
19:7	46

시편
32:1 - 2	99

이사야
52:5	45

하박국
2:4	39

신약 성경

마태복음
5:45	57
6:19 - 20	203
7:21 - 23	45
9:13	57
9:16 - 21	201
13:41	57
13:49	57
23:28	57

마가복음
2:17	57
8:34 - 35	21
8:35	132
10:42 - 44	184

누가복음
1:17	57
5:32	57
12:33	203
15:7	57
20:20	57

사도행전
10:24	169
10:34	46
10:47 - 48	169
16:15	169
16:27 - 34	169
18:12 - 16	194n11
24:15	57

로마서	18, 39, 43n9, 76, 78, 194n11, 210
1:6	68, 109
1:16-17	39
1:18	39
1:18-21	94
1:18-32	183
1:24-25	94
1:28	94
2-3장	56
2:1-11	62n29
2:1-16	48n13
2:2-11	41, 42
2:6-11	47
2:7	26n2, 62n29
2:10	62n29, 162
2:11	38, 46
2:12	62n29
2:13	62n29
2:23-24	45
2:25	44
3:9	123
3:20	62n29
3:23	17
3:24	93
3:26	55, 117
3:27-28	66n33
3:27-30	66
3:27-31	107
3:28	53n16, 66n33
3:29-30	66n33
4장	106
4:1-12	98-99
4:4-5	66
4:5	55, 99
4:5-8	46n12
4:9	107
4:11-13	67
4:18-22	108
4:20	108n8
5:1	18
5:6-7	57
5:9	18
5:9-10	78
5:12	71
5:17	16
5:19	57, 71
5:21	59n24
6:1-23	33
6:4	114
6:6	124
6:13	20
6:14	124
6:16-20	57n21
6:17-18	124
6:23	16, 18
7:4	136n1
7:7	123
7:7-25	122, 124, 124n18
7:14	123
7:18-19	122
7:24	124, 125
7:25	125
8:1	18, 20, 51n15
8:2	125
8:4	20, 122n15
8:5-9	127
8:11	48
8:13	51n15
8:13-14	48
8:14	49
8:19-24	208
8:26	211
8:28	37
8:29	37
8:38-39	118n11
10:2-4	38
10:3	68
10:9	18, 54
11:35	85

12:1 – 2	36
12:2	196
12:5	137
12:5 – 8	140
12:10	162
12:16	162
13:1 – 7	195
13:1 – 8	194
13:8 – 10	68, 122n15, 126
13:11	195
13:11 – 14	77
14:2 – 6	166
14:10	48n13
14:13 – 15	154
14:19 – 21	154
15:18	68
16:1 – 2	169
16:3 – 5	169
16:23	169
16:25 – 26	68
16:26	109

고린도전서

1:8 – 9	34n7
1:8 – 9	69
1:12	164
1:16	169
1:18	76, 183
1:18 – 25	183
1:20	182n5
1:21	183
1:22 – 24	183
2:10–15	48n13
3:3 – 5	164
3:18 – 19	181–183
4:3 – 5	62n29
5:9	34n7
6:9 – 11	50
6:11	53n16
6:15	109
6:20	89
7:19	26, 43, 67
7:29 – 31	197
9:24 – 27	112
10:23 – 24	153
10:32–33	153
11:20 – 22	162
12:7 – 12	140
12:12 – 14	138
12:27	138
13:12	165
14:26	136n1
14:36	136n1
15:24	195
15:25 – 26	209
15:29 – 30	131
15:32	131
15:54	128
15:58	128, 136n1
16:19	169

고린도후서

2:1 – 4	34
2:1 – 4	34n7
2:9	34n7
2:14 – 6:13	83n43
3:9	59n24
3:18	35
4:16 – 18	131
5:10	48n13, 62n29
5:14 – 15	83n43
5:14 – 21	83n43
5:15	20, 82, 83n43, 88, 90, 184
5:17	37, 103
6:1	15
7:8	34n7
8:13 – 15	149
9:13	149
11:2	134
11:9	136n1
11:25	194n11

갈라디아서	33, 33n6, 43n9, 63, 64, 83, 118, 197
1:4	181n3, 189
1:5	181n3
2:6	46
2:11 - 14	158
2:15 - 16	119n12
2:15 - 18	31
2:16	62n29
2:19 - 20	31, 34, 53n16, 83n43, 84, 88, 102
2:20	109, 142
2:21	15, 59n24, 64, 120
3:1 - 5	74
3:2	53n16
3:2 - 5	119n12
3:3	38, 64
3:5	53n16
3:6 - 9	107
3:10 - 14	184
3:13 - 14	119
3:14	16, 53n16, 119n12
3:21	64, 120
3:28	159, 197
4:1 - 5	187
4:1 - 11	186
4:6 - 7	119n12
4:8 - 11	187
4:11	188
4:12	136n1
4:19	34, 53n16, 83n43, 102
4:28	136n1
4:31	136n1
5:2 - 4	107
5:5	120
5:5 - 6	53n16, 64, 65n31
5:6	26, 43, 65n31, 67n34
5:11	136n1
5:13	171, 175, 199
5:13 - 14	65n31, 67, 126
5:16	121, 121n13
5:16 - 17	120
5:17	121
5:16 - 25	38
5:19 - 21	50, 52
5:24 - 25	120
5:25	122n15
6:1	136n1, 145
6:2	65n31
6:7 - 10	52
6:15	37, 43, 103
6:17	132

에베소서	36n8, 75n39
1:4	69
1:21	181n3
2:1 - 2	181n3
2:3	102
2:7	181n3
2:8	75
2:10	105
2:14 - 16	158
2:22	158
3:12	98
4:11 - 13	139
4:15 - 16	139
4:17 - 18	110
4:22 - 24	36, 110
4:30 - 32	146
5:5 - 6	50
5:18 - 23	172
5:21	172-173, 175
5:21 - 6:4	170
5:22	172
6:5 - 9	174
6:7	175
6:8	174
6:9	46, 199

6:12	191

빌립보서
1:6	37, 70
1:9 – 11	69
1:12	136n1
2:1 – 11	185
2:2 – 4	171
2:3 – 4	155
2:5 – 11	33, 155
2:12 – 13	79
2:13	72
3:8 – 11	32
3:9	38, 68, 93
3:10 – 15	79
3:13	136n1
3:20 – 21	127
4:2 – 3	147
4:8	136n1
4:21	136n1

골로새서
1:13 – 14	196
1:14	95
1:15	103
1:21 – 23	69, 95
2:8	186, 187
2:13 – 14	95, 98
2:20 – 22	186, 187
3:5 – 17	114
3:11	159
3:13	146
3:18 – 4:1	170
3:25	46
4:10	169

데살로니가전서
	150
3:13	69
4:10	136n1
4:18	151
5:3	195
5:4	136n1
5:11	151
5:14	136n1
5:23	69
5:25	136n1

데살로니가후서
3:6	136n1

디모데전서
	75n39
1:9	57

디모데후서
	75n39
1:16	169
4:19	169

디도서
	75n39
2:11 – 14	105
3:3 – 8	101
3:4 – 5	75

빌레몬서
2	169
15 – 16	161, 199
22	169

베드로후서
3:7 – 13	208

요한일서
3:17	203

요한계시록
21:1 – 22:5	207

외경과 위경

에녹 1서(1 Enoch)
63:8   46

시락(Sirach)
29:9 - 12   202n14
35:13 - 16   46

욥의 언약(Testament of Job)
4:7   46
43:13   46

토비트서(Tobit)
4:8 - 10   202n14

솔로몬의 지혜서(Wisdom of Solomon)
1:16   130
2:1 - 2   129
2:6 - 11   129
2:22 - 23   130
13:1 - 2   188
13:1 - 9   183
14:22 - 31   183

고대 문헌

Aristotle
Nichomachean Ethics
8.9.1   148n6
Politics
1.12   169-170
1.4   160n9

Cicero
Ad Familiares
13   43n10

Dio Chrysostom
Rhodaica
37   87

Fronto
Ad Marcum Caesarem
3.2   43n10

Josephus
Against Apion
2.293   56n19
Jewish Antiquities
6.165   56n19
8.208   56n19

Origen
Homilies on Joshua
3:5   176

Philo
De via contemplativa
3   188
De Decalogo
53   188

Seneca
On Benefits
1.3.2 - 5   87
1.4.2   84
2.25.3   86
3.1.1   87

Shepherd of Hermas
Parable
1.8 - 9   204

Sophocles
Ajax 522   86